Inhaltsverzeichnis

 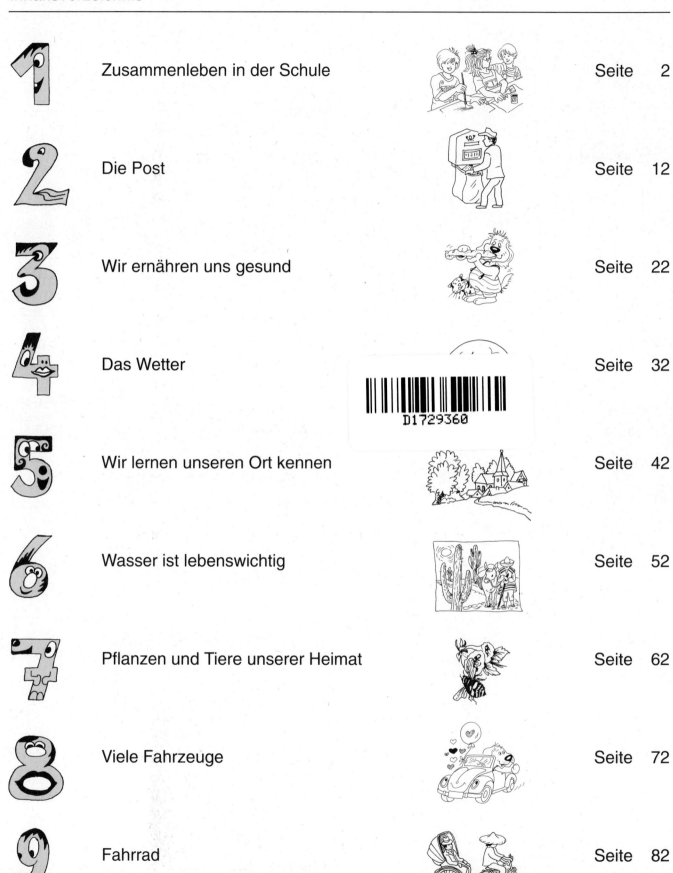

Die Schulordnung

❶ In dieser Schule scheint es keine Schulordnung zu geben.
  Sprecht darüber, was hier alles nicht in Ordnung ist!

Hallo Mädchen! Hallo Junge!

Text und Melodie: Heinz-Lothar Worm. © Persen Verlag

1. Hal - lo Mäd - chen! Hal - lo Jun - ge! Komm', ich la - de

dich heut' ein! Wenn du willst, dann kannst du ger - ne

Kehrreim

Gast in uns' - rer Schu - le sein. Le - sen, schrei - ben,

rech - nen, ma - len, spie - len hin - term Haus im Gras,

tur - nen, schwim-men, Fil - me se - hen: glaub' mir, das macht gro - ßen Spaß.

2. Manchmal raufen wir uns tüchtig,
mal in Spaß und mal in Wut.
Dann vertragen wir uns wieder,
dann ist alles wieder gut.
Kehrreim.

3. Uns're Pauker sind nicht übel,
manchmal schlagen sie Radau,
wenn wir gar zu flippig werden,
dann ist wieder Ruh' im Bau.
Kehrreim.

Pf und Qu

❶ Sprich die Wörter
ganz deutlich!

❷ Erkläre jedes Wort!

❸ Setze den bestimmten Begleiter hinzu!
Schreibe so: die Pflaume, …

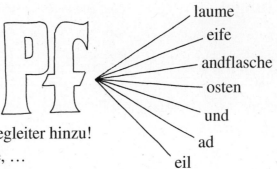

laume
eife
andflasche
osten
und
ad
eil

Lisa hat einen Pf̲irsich
zum Frühstück mitgebracht.

die Pforte

das Pferd

die Pfütze

der Pfau

die Pfote

der Pfennig

❹ Setze die unbestimmten Begleiter zu jedem Wort!
Schreibe so:
die Pforte – eine Pforte, das Pferd – …

❺ Sprecht auch diese Wörter
ganz deutlich!
Erklärt sie!

❻ Bei den folgenden Wörtern
ist die Erklärung
verwechselt worden.
Schreibe die richtige Erklärung:
der Quark = Schmerz
der Qualm = Anfang
die Quittung = Rauch
die Quelle = Unterkunft
das Quartier = Milcherzeugnis
die Qual = Schein

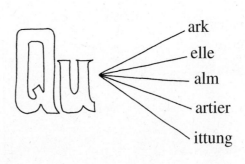

ark
elle
alm
artier
ittung

Daniel isst in der Pause Qu̲ark.

Qu oder **qu**
wird **Kw** gesprochen.

4

qu

Kaul___appe, ___älen, ___etschen, ___aken, ___er, ___ieken, be___em, ___almen

❶ Setze Qu/qu ein!

❷ Setze passende Wörter von oben
in den folgenden Lückentext ein!
Niemand soll Tiere ___. Esther läuft ___ über die Straße.
In diesem Sessel kann ich ___ sitzen. Der Auspuff ___.
Am Teich ___ ein Frosch. Die Schweine ___ vor Hunger.
An der Klassentür hat Alexander sich die Hand ___.
Aus einer ___ wird später ein Frosch oder eine Kröte.

❸ Schreibe die Qu/qu-Wörter auf Kärtchen!
Sortiere sie in deine Wortkartei ein!

Pf/pf   am Wortanfang
           in der Wortmitte
           am Wortende

___eifen, ___ennig, ___lanzen, ___iffig

A___el, Gi___el, Tannenza___en, Tro___en, Tö___e, Kö___e, klo___en, zu___en

Kro___, Ko___, To___, Zo___, Na___, Sum___

❹ Setze pf ein!
Sprich die Wörter ganz deutlich!

❺ Finde zu jedem Wort eine Erklärung!

❻ Schreibe Wortkärtchen!
Ordne sie in die Wortkartei ein!

Rätsel:

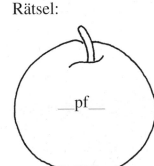

___pf___

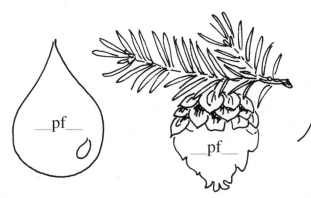

___pf___

___pf___

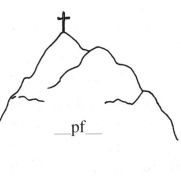

___pf___

Die Klassen(un)ordnung

1. Alle Kinder kommen morgens unpünktlich zum Unterricht.

2. Nach der Pause stellen sich alle Kinder nicht auf und warten nicht, bis die Lehrerin sie abholt.

3. Im Unterricht laufen die Kinder in der Klasse herum.

4. Wer etwas sagen möchte, meldet sich nicht.

5. Essen und trinken während des Unterrichts ist erlaubt.

6. Spielzeug wird jeden Tag in die Schule mitgebracht.

7. Kaugummi kauen während des Unterrichts ist gestattet.

❶ Mache aus der Klassenunordnung eine Klassenordnung! Schreibe sie ins Heft!

❷ Überlegt, ob die Klassenordnung erweitert werden soll!

❸ Fragt nach, ob es bei euch eine Schulordnung gibt!

❹ Warum ist es sinnvoll, die Klassenordnung oder die Schulordnung zu beachten? Schaut euch dazu das Bild auf S. 2 noch einmal an!

Eine neue Regelung

Immer wieder holt Marc während der Stunde seinen Kakao hervor und trinkt. Der Lehrer spricht mit der Klasse darüber. Die Kinder beschließen gemeinsam: „Wer in der Stunde anfängt zu trinken, der muss sein Getränk in den Ausguss schütten!"

❺ Sprecht über die Vorteile und Nachteile einer solchen Regelung!

Gesprächsregeln

Frau Jäger kommt in die Klasse. Alle Kinder sind aufgeregt.
Jeder redet sofort los. Jetzt ist es so laut, dass man gar nichts
mehr verstehen kann. Frau Jäger hält sich die Ohren zu.
Als es etwas ruhiger geworden ist, sagt sie: „Wir können alle
gleichzeitig singen, aber nicht alle gleichzeitig reden."

❶ Habt ihr so etwas schon in eurer Klasse erlebt?
Erzählt!

❷ Es gibt Gesprächsregeln; dabei sollen alle
zu Wort kommen können.

Gesprächsregeln

1. Wer etwas sagen will, meldet sich.

2. Er wartet, bis er aufgerufen wird.

3. Jeder darf ausreden.
Wir fallen niemandem ins Wort,
auch wenn wir gerne etwas sagen möchten.

4. Wenn jemand etwas sagt,
was uns nicht gefällt,
beschimpfen wir ihn trotzdem nicht.

❸ Sprecht über die Gesprächsregeln!
Fügt weitere hinzu!

❹ Schreibt sie auf ein Plakat!
Hängt sie in der Klasse aus!

❺ Achtet darauf, dass ihr die Gesprächsregeln einhaltet!

Ein Gespräch
„Du, Timo …" „Mit dir rede ich nicht." „Aber ich will …"
„Gib dir keine Mühe, ich bin dir böse."
„Mensch, es ist doch …"
„Sei still! Ich will nichts mit dir zu tun haben."
„Dann sieh zu, wie du dein Fahrrad wiederbekommst.
Eben fährt ein fremder Junge damit weg."

Streit auf dem Schulhof

❶ Erzähle die Geschichte vom Streit zwischen Alexander
   und Sebastian! Gebrauche dabei die Worte:
   Kakaoflasche, Schultasche, Streit, an den Haaren ziehen,
   Tisch, Stoß, herunterfallen, zerbrechen, auslaufen!

❷ Überlegt gemeinsam, welcher Schaden entstanden ist!
   Wie kann er wieder gutgemacht werden?

❸ Alexander und Sebastian beschuldigen sich gegenseitig.
   Was könnten sie sich vorwerfen?
   Spielt diesen Streit nach!
   Überlegt, wie der Streit beigelegt werden kann!

❹ Schreibe nun die Geschichte ins Heft!
   Die Wörterliste (ab S. 92) hilft dir,
   wenn du Wörter nicht schreiben kannst.

❺ Denke dir eine Streitgeschichte aus!
   Schreibe sie auf!

Kannst du noch das Abc?

ABCDEFGHIJKLMNOPQRSTUVWXYZ

❶ Sage es auf!

Fragesätze, Aufforderungssätze und Aussagesätze

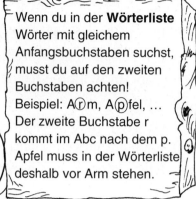

Wenn du in der **Wörterliste** Wörter mit gleichem Anfangsbuchstaben suchst, musst du auf den zweiten Buchstaben achten!
Beispiel: A ⓡ m, A ⓟ fel, …
Der zweite Buchstabe r kommt im Abc nach dem p. Apfel muss in der Wörterliste deshalb vor Arm stehen.

Aussagesatz
Hinter einem Aussagesatz steht ein Punkt.

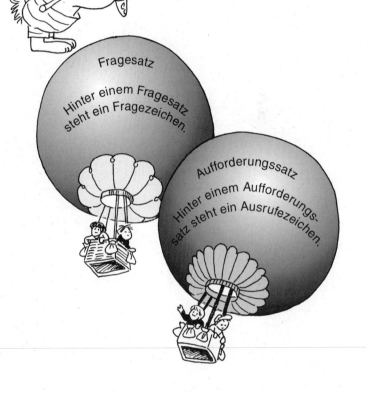

Fragesatz
Hinter einem Fragesatz steht ein Fragezeichen.

Aufforderungssatz
Hinter einem Aufforderungssatz steht ein Ausrufezeichen.

Was Kinder in der Schule alles sagen:
„Bitte leih mir mal deinen Radiergummi "
„Hast du das Diktat schon geübt "
„Ich habe meine Sportschuhe vergessen "
„Timo hat Kopfschmerzen "
„Geh bitte mal zur Seite "
„Ist Frau Müller noch die ganze Woche krank "

❷ Schreibe die Sätze in dein Heft!
Setze die richtigen Satzzeichen dahinter!

„Frau Horn, ich habe meinen Füller vergessen Können Sie mir einen Bleistift geben " „Hast du denn auch deinen Bleistift vergessen " „Nein, aber ich bin draufgetreten, da ist er durchgebrochen " „Und die Buntstifte hast du auch nicht dabei Schreib doch damit " „Das geht nicht, sie sind nicht gespitzt " „Dann spitze sie doch " „Aber mein Spitzer ist stumpf " „Na, wenn das so ist, dann hole dir einen Bleistift aus meinem Mäppchen "

❸ Setze auch hier die richtigen Satzzeichen!

„Hattest du Nachhilfestunden? Deine Leistungen sind in der letzten Zeit viel besser geworden."
„Nein, aber unser Fernsehapparat ist seit drei Wochen kaputt."

Wie wir unsere Schule sauber halten

❶ Ihr möchtet die Kinder eurer Schule auffordern den Abfall in die Abfallkübel zu werfen.
Oder ihr wollt die Kinder bitten die Toiletten sauber zu halten.
Gestaltet dafür Plakate, die ihr an den Klassentüren aufhängen könnt!
Hier einige Anregungen:

Was wir gelernt und wiederholt haben

Die Flaschenpost

❶ Denke dir eine Flaschenpostgeschichte aus!
Erzähle sie den anderen!

Die Brieftaubenpost

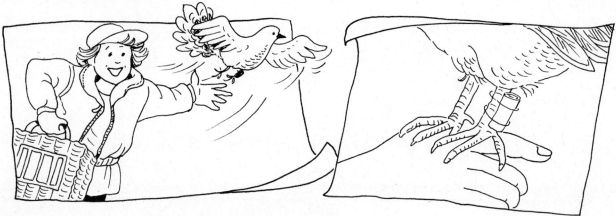

❷ Denke dir eine Brieftaubenpostgeschichte aus!
Erzähle sie den anderen!

Rätsel

Er darf nicht ohne Fahrkarte reisen.
Er hat keine Tasche für die Fahrkarte.
Er hat keinen Koffer bei sich,
wenn er auf Reisen geht.
Damit er seine Fahrkarte nicht verliert,
wird sie ihm ins Gesicht geklebt.

❸ Wie heißt er?
Wie nennen wir die Fahrkarte?

Flaschenpost im Bach

Gibt es einen kleinen Bach bei euch? Dann könnt ihr euch
selbst gegenseitig eine Flaschenpost schicken.

❶ Schreibt euch gegenseitig Briefe!
Steckt sie in saubere Flaschen!
(Vorsicht bei Glasflaschen!)
Diese Flaschenpost kann alleine den Bach hinabreisen.
Vergesst nicht die Flasche gut zu verschließen!

**Trara!
Die Post ist da!**

Text und Melodie:
volkstümlich

Tra - ra! Die Post ist da! Tra - ra! Die Post ist da!

Von wei - tem hört man schon den Ton, sein Lied-chen bläst der Pos - til - lion

er bläst mit star - ker Keh - le, er bläst aus vol - ler See - le,

die Post ist da! Tra - ra! Tra - ra! Die Post ist da! Tra - ra!

Die Geburtstagskarte
an Frau Wagner

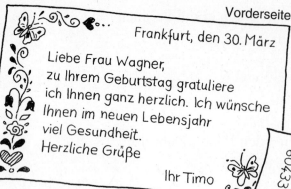

Vorderseite

Frankfurt, den 30. März

Liebe Frau Wagner,
zu Ihrem Geburtstag gratuliere
ich Ihnen ganz herzlich. Ich wünsche
Ihnen im neuen Lebensjahr
viel Gesundheit.
Herzliche Grüße

Ihr Timo

Rückseite

Absender:
Timo Berg
Waldecker Str. 47
60433 Frankfurt/Main

Frau
Lina Wagner
Kirchstr. 3
35440 Linden

❶ Finde die Anrede und die Grußformel
auf der Karte heraus!

❷ Schreibe einen Brief mit Anrede und Grußformel
an einen Freund oder eine Freundin!
Was du beachten musst: Im Brief und auf einer Postkarte
werden diese Anredewörter großgeschrieben:
Sie, Ihnen, Ihr, Ihre, Ihren

❸ Schreibe die Namen und Adressen von fünf Kindern
deiner Klasse auf!
Vergiss die Postleitzahlen nicht!

Silvas Brief

Silva schreibt einen Brief an Nicole. Sie hat keine Briefmarke. Sie holt einen Briefumschlag aus dem Papierkorb,
löst die gebrauchte Briefmarke ab und klebt sie auf Nicoles
Brief. Den Brief wirft sie in den Briefkasten.

❹ Wie geht die Sache wohl aus?
Schreibe die Geschichte zu Ende!

Bernds Karte

Liebe Frau Sauer,
gestern wollte ich sie anrufen, aber sie haben
den Hörer nicht abgenommen. Waren sie nicht daheim?
Ich habe ihnen doch versprochen sie anzurufen,
wenn ich im Urlaub bin. Mir geht es gut …

❺ Welche Regel hat Bernd nicht beachtet?
Berichtige den Text der Karte und schreibe sie zu Ende!

Ein Brief oder eine Karte
muss die vollständige Anschrift
des Empfängers tragen.
Auch die Adresse des Absenders
soll darauf stehen.

Ein Brief
an Frau Haase

❶ Lies diese Anschrift!
Wie viele a-Laute kannst du hören?
Wie viele a-Laute kannst du sehen?
Ein lang gesprochenes a
kann durch Verdoppelung
kenntlich gemacht werden.

Wörter mit aa, mit ee und Wörter mit oo

der Aal · das Paar · paar · der Saal · leer · der See · die Waage · die Fee · der Klee · das Haar · der Schnee · der Tee · der Teer · der Kaffee · die Allee · das Meer · das Moor · die Beere · der Zoo · das Moos

❷ Schaut euch diese Wörter gut an!
Diktiert sie euch gegenseitig!
Schreibt sie dann in eure Wortkartei!

Der Brief

das Knie · das Tier · der Dieb · die Miete · die Fliege · der Dienstag · der Spiegel · der Stiel · das Sieb · das Fieber · der Diener · der Frieden · das Lied · das Wiesel · das Papier · der Unterschied · der Ziegel · das Ziel · die Zwiebel · die Biene · der Stiefel

Das lang gesprochene i wird oft ie geschrieben.

❸ Ordne die Wörter nach dem Abc!

❹ Schreibe vor jedes Wort „dieser", „diese" oder „dieses"!

Rätsel

❶ Schaue die senkrechten und waagrechten Buchstaben-
reihen durch!
Suche die folgenden Wörter:
Absender, Adresse, Briefkasten, Briefmarke, Flugzeug,
Postamt, Postbote, Postleitzahl, Stempel!

```
Q F B R Y F B T P S T Q X
P P S T B O R E G E R D F
P O S T L E I T Z A H L L
S S D V Z L E C F D W G U
T T B R I E F M A R K E G
E B X J G V K C D E K N Z
M O P O S T A M T S H J E
P T P Z T M S H S S N G U
E E J Y P B T K L E C L G
L M F A B S E N D E R G X
I R I N X E N U T S A L E
```

Eine Postkarte geht auf die Reise

Juliane ist in eine andere Stadt gezogen.
Sarah schreibt ihr einen Geburtstagsgruß.
Sie schreibt die ___ auf die Karte und fügt den ___ hinzu.
Dann klebt sie eine ___ auf. Sie bringt die Karte zum ___.
Später wird der Kasten geleert. Die Karte bekommt
auf dem ___ einen ___.
In einem Beutel reist die Karte mit der Eisenbahn,
dem Bus oder dem ___ zum Bestimmungsort.
Dort bringt sie der ___ zu Julianes Hausbriefkasten.

❷ Schreibe die Geschichte von der Reise der Postkarte ab!
Fülle die Lücken mit folgenden Wörtern:
Briefkasten, Stempel, Briefmarke, Absender,
Adresse, Postamt, Flugzeug, Postbote!

„Super!
Eine Karte
von Sarah!"

Die Post bietet verschiedene Dienste an

❶ Paketdienst: Erkläre!   ❷ Fernsprechdienst: Erkläre!   ❸ Kennst du dieses Zeichen in einer Telefonzelle? Erkläre es!

Verschiedene Ferngespräche

– Marc will sich mit Stefan verabreden.
Sie wollen gemeinsam Fußball spielen.

– Klara fragt Melanie, ob sie heute Nachmittag
zu ihr kommen will.

– Timo will seinem Vater sagen, dass er mit dem Fahrrad
gestürzt ist. Sein Vater ist im Moment im Betrieb
nicht erreichbar. Timo muss eine Nachricht hinterlassen.

❹ Spielt die Gespräche nach!

Die Post – früher

Das Lied vom Postillion, dem Postkutscher, erzählt
von der Zeit, als Briefe, Pakete, aber auch Menschen
noch mit der Postkutsche reisen mussten.
Folgende Wörter erzählen, wie eine Reise
damals vonstatten ging:
Postkutsche – Holz
Sitze – unbequem
Pferde – ziehen – Wagen
Regen – Straßen – Schlamm – stecken bleiben
Postillion – blasen – Posthorn

❺ Erzähle mit Hilfe der Wörter,
wie eine Reise mit der Postkutsche verlief!

❻ Schreibe die Geschichte auf!
Benutze deine Wortkartei und die Wörterliste (ab S. 92),
wenn du nicht weißt, wie ein Wort geschrieben wird!

Briefmarken können Geschichten erzählen

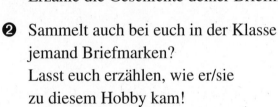

❶ Suche dir eine Briefmarke aus!
Erzähle die Geschichte deiner Briefmarke!

❷ Sammelt auch bei euch in der Klasse
jemand Briefmarken?
Lasst euch erzählen, wie er/sie
zu diesem Hobby kam!

❸ Woher bekommen Sammlerinnen
oder Sammler ihre Briefmarken?

❹ Wie werden die Marken vom Brief gelöst?

❺ Wer bringt sein Album mit in die Schule und stellt es vor?

❻ Die unten abgebildeten Marken
kommen aus europäischen Ländern:
Italien, Frankreich, Spanien, Schweiz, Österreich,
Ungarn.
Ordne die Briefmarken den Ländern zu!

Wörtliche Rede

Peter, kannst du heute das neue Telefonbuch abholen?
Mutter gibt Peter den Auftrag das neue Telefonbuch
abzuholen. Hast du das neue Telefonbuch schon abgeholt?
Peters Mutter hat gesagt, dass er das neue Telefonbuch
abholen soll.

❶ Welche Sätze davon sind wörtliche Rede?
Schreibe sie ab!
Setze die Anführungszeichen!

> Wenn jemand etwas sagt, wird das in einem Text besonders gekennzeichnet. Zu Beginn stehen Anführungszeichen unten: „ am Ende stehen Anführungszeichen oben: “ Das heißt: **wörtliche Rede**.

Am Haustelefon
Es klingelt. Frau Horn fragt über das Haustelefon:
Wer ist da bitte?   Hier ist die Paketpost. Ich habe ein Paket
für Sie.   Moment, ich öffne Ihnen.   Vielen Dank.
Bekommen Sie Zustellungsgebühr?   Nein, die Gebühr
ist schon vom Absender bezahlt worden.

❷ Schreibe das Gespräch ab!
Setze die fehlenden Anführungszeichen ein!

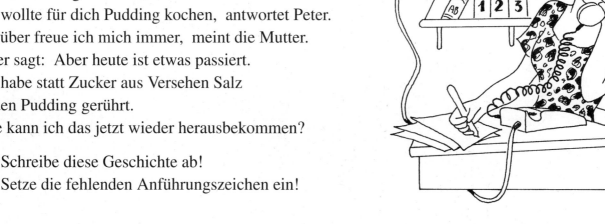

Ein Telefongespräch
Peter ruft seine Mutter an: Mutti, ich muss dich etwas fragen.
Die Mutter fragt: Was hast du denn auf dem Herzen?
Ich wollte für dich Pudding kochen, antwortet Peter.
Darüber freue ich mich immer, meint die Mutter.
Peter sagt: Aber heute ist etwas passiert.
Ich habe statt Zucker aus Versehen Salz
in den Pudding gerührt.
Wie kann ich das jetzt wieder herausbekommen?

❸ Schreibe diese Geschichte ab!
Setze die fehlenden Anführungszeichen ein!

Drachenpost

❶ Lasst im freien Feld einen Papierdrachen steigen!
Schickt ihm eine Drachenpost nach oben!

Anleitung:

1. Papierstück rund reißen.

2. In die Mitte ein Loch machen.

3. Bis zur Mitte aufreißen.

4. Einen Gruß auf das Papierstück schreiben.

5. Papierstück auf das Seil hängen.

6. Riss mit Klebestreifen zukleben.

7. Drachenpost nach oben steigen lassen.

Tipp:

Jeder kann eine Drachenpost hochschicken
und mit der Stoppuhr feststellen,
wie lange sie bis zum Drachen gebraucht hat.

Was wir gelernt und wiederholt haben

Überernährung, Unterernährung, Genussmittel

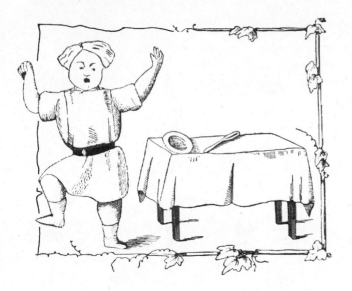

... was möchte ich denn noch?

❶ Sprecht über die Bilder!

Der Mann, der nicht satt wurde

Einmannhattegroßenhunger.
Dagingerineinebäckereiundkauftesicheinbrot.
Zuerstaßereinweißbrotabererwarnochnichtsatt.
Dannaßereingraubrotabererwarimmernochnichtsatt.
Danachaßereinenkuchenaberdaswarauchnochnichtgenug.
Zuletztaßereinbrötchen. Jetztwarersatt.
Ersagtemitdembrötchenhätteichanfangensollen.
Dannhätteichmirallesanderesparenkönnen.

❶ Bringe den Text in Ordnung!
   Denke an die Satzzeichen und die Anführungszeichen!

„Papa, haben kleine Erdbeeren Beine?"
„Beine? Nein, bestimmt nicht!"
„Dann habe ich vielleicht
einen Marienkäfer gegessen."

Text 1. Strophe: volkstümlich
Text 2.– 4. Strophe: G. Wirsching. © Klett
Melodie: volkstümlich

Stoffel

1. Stof - fel! Stof - fel! Obst und Kar - tof - fel, Kar - tof - fel und Obst,

Obst und Kar - tof - fel schafft ins Haus, ins Haus!

2. Kraut und Rüben,
   wo sind sie geblieben?
   Sauerkraut muss rein!
   Hol' schnell den Hobel,
   hobel das Kraut uns ein!

3. Most in die Fässer,
   Wein schmeckt noch besser,
   Wein muss es sein!
   Fülle die Fässer,
   die Fässer mit Most und Wein!

4. Holz und Kohlen
   muss der Stoffel holen.
   Das Feuer ist aus.
   Stoffel trag' das Holz und die Kohlen,
   die Kohlen ins Haus!

3

Gedicht

Der Landmann baut mit Müh' und Not
das Korn für unser täglich Brot.
Zum Müller wird das Korn gebracht
und feines Mehl daraus gemacht.
Der Bäcker nimmt das Mehl ins Haus
und backt im Ofen Brot daraus.
Die Mutter streicht noch Butter drauf
und wir, wir essen alles auf!

Johannes Trojan

❶ Lies das Gedicht durch!
Suche die Wörter mit eh und üh heraus!

ah, eh, oh, uh, äh, öh, üh

das Stroh   das Jahr   gähnen   zählen   die Fahrt   das Reh   kehren

der Zahn   der Sohn   das Gewehr   stehlen   kühl   die Mühle   der Lehm

zahlen   die Uhr   der Lohn   das Rohr

der Kahn   das Mehl   wahr   der Kühler   die Fahrt   wählen

die Höhle   der Pfahl   die Zahl   lahm   die Lehne

hohl   die Bohne   der Strahl   wühlen   der Hahn   das Huhn   die Bühne

die Ähre   das Ohr   die Kohle   die Nahrung

der Bohrer   krähen   wahr   zahm   die Kehle   der Fehler   die Bahn

❷ Ordne!
Schreibe zuerst alle Wörter mit ah heraus,
dann die mit eh, oh, uh, äh, öh, üh!
Schreibe so:
Wörter mit ah: das Jahr, …
Wörter mit eh: …

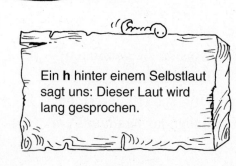

Ein **h** hinter einem Selbstlaut sagt uns: Dieser Laut wird lang gesprochen.

Reimwörter

der Kahn
der Z____
die B____

der Strahl
die Z____
k____

kühlen
w____
viele M____

lahm
z____
R____

Schuh
K____
R____

❸ Finde die Reimwörter heraus!
Schreibe sie in dein Heft!

Wörter mit a, e, o, u und ä, ö, ü

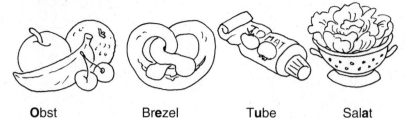

Obst   Br**e**zel   T**u**be   Sal**a**t

Es gibt Wörter, bei denen a, e, o, u und ä, ö, ü lang gesprochen werden. Trotzdem sehen wir kein h und kein aa, ee, oo.

der H_ring, die Sch_re, der L_we, die T_fel, die Tromp_te, der B_r, das Gl_s, der H_nig, die R_be, der Br_der, der F_ß, die Str_ße

❶ Setze a, e, o, u, ä, ö, ü ein!
❷ Ordne die Wörter nach dem Abc!

Wörter mit langem a, e, o, u und ä, ö, ü

ohne h	mit h	aa, ee, oo
das Tal	der Hahn	das Haar
der Esel	das Mehl	leer

❸ Lege eine Liste an!
Versuche viele Wörter zu sammeln!
Schaue in der Wörterliste nach!

Sch$\overset{a}{u}$le   N$\overset{a}{e}$bel   H$\overset{a}{o}$se   K$\overset{e}{u}$gel   T$\overset{ü}{o}$r

Rätselwörter

❹ Schreibe die Wörter ab!
Setze den Begleiter hinzu!

Zusammengesetzte Namenwörter

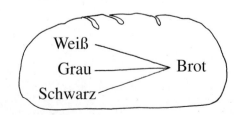

Weiß
Grau   Brot
Schwarz

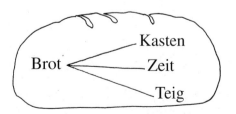

        Kasten
Brot   Zeit
        Teig

❺ Bilde zusammengesetzte Namenwörter!
Denke dir zu jedem Wort einen Satz aus!
Schreibe ihn auf! Die Wörterliste hilft dir.

Gesundes Essen

❶ Warum ist der Teller mit „Fett" wohl so klein?

❷ Stelle dir ein gesundes Essen zusammen!
Schreibe: Zu meinem gesunden Essen gehören: …

Alles zusammen nennt man **„Lebensmittel"** oder **„Nahrungsmittel"**. Zu einem gesunden Essen gehört von jedem „Teller" etwas.

Seufz!

„Balduin, iss fein deinen Spinat! Davon bekommt man neues Blut."
„Aber ich mag kein grünes Blut, Mami."

Viele Nahrungsmittel

Genussmittel sind keine Lebensmittel. Sie können Menschen krank machen, wenn sie zu oft gebraucht werden.

❸ Finde heraus, was diese Nahrungsmittel enthalten!
Welche Nahrungsmittel sind gesund, welche nicht?

Ein gesundes Frühstück

❶ Welches Frühstück ist gesund?

❷ Stelle drei gesunde Frühstücke zusammen!

❸ Achte darauf, dass du ein gesundes Frühstück mit in die Schule bringst!

❹ Deine Mutter schickt dich zum Einkaufen. Denk dir einen Einkaufszettel aus! Schreibe einen Einkaufszettel!

Der Abfalleimer

❺ In diesem Abfalleimer liegen angebissene Brote, halbe Äpfel, Brötchen, Plätzchen, … In anderen Ländern haben Kinder oft nichts zu essen. Sprecht darüber!

Wo Kinder hungern müssen

❻ Sprecht darüber, wie man diesen Kindern helfen könnte!

Die Geschichte vom süßen Brei

❶ Schreibe die Geschichte auf!
Die Wörterliste (ab S. 92) hilft dir.

Viele Rezepte

❶ Bei dir daheim gibt es bestimmt ein Kochbuch.
Schreibe das Rezept von einem Essen ab,
das du gerne magst!

❷ Ausländische Kinder in eurer Klasse
sind anderes Essen gewöhnt.
Lasst euch davon erzählen!

Wir kaufen ein

❸ In der Bäckerei gibt es viele verschiedene Sorten Brot.
Gehe zum Bäcker und erkundige dich,
wie viele verschiedene Brotsorten er verkauft!
Schreibe auf, wie die Brotsorten heißen!

❹ Lebensmittelgeschäfte bieten auch Getränke an.
Schreibe alle Getränke auf, die dir einfallen!
Schreibe so:
Im Lebensmittelgeschäft gibt es Apfelsaft, Limonade,
Tee, …

Zusammengesetzte Wörter

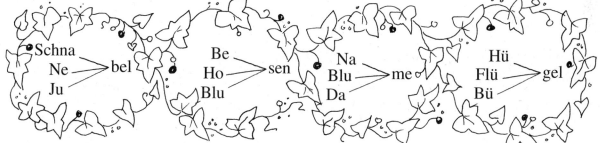

Schna
Ne → bel
Ju

Be
Ho → sen
Blu

Na
Blu → me
Da

Hü
Flü → gel
Bü

❺ Setze die Wörter zusammen!
Bilde von jedem Wort einen Satz!

St und Sp

(St)raße   (St)ube   (Sp)inat   (Sp)eck

❻ Suche zehn Wörter aus der Wörterliste heraus,
die mit st oder sp anfangen!

Merke:
Du hörst **scht** und **schp**
am Wortanfang,
schreibst aber **st** und **sp**!

So backe ich einen tollen Napfkuchen

Du brauchst:

- 250 g Butter oder Margarine

- Butter oder Margarine zum Einfetten der Form

- 250 g Zucker

- 1 Päckchen Vanillezucker

- 4 Eier

- 500 g Mehl

- 1 Päckchen Backpulver

- etwa 1 Tasse Milch

Geräte: Rührschüssel, Schneebesen bzw. Handrührgerät,
        Napfkuchenform

Anleitung:

1. Das weiche Fett schaumig rühren.
Den Zucker, den Vanillezucker, die Eier, das Mehl
und das Backpulver dazugeben.

2. Gut durchkneten. Immer wieder etwas Milch unterrühren.

3. Die Napfkuchenform gut einfetten.
Den Teig in die Form geben.

4. Den Kuchen 65 bis 75 Minuten lang bei 165 Grad backen.

Guten Appetit!

Was wir gelernt und wiederholt haben

Das Wetter in Europa

❶ Im Norden Europas ist es meist kühl, im Süden warm.
Sprecht über das Wetter in Europa!

Magische Spirale

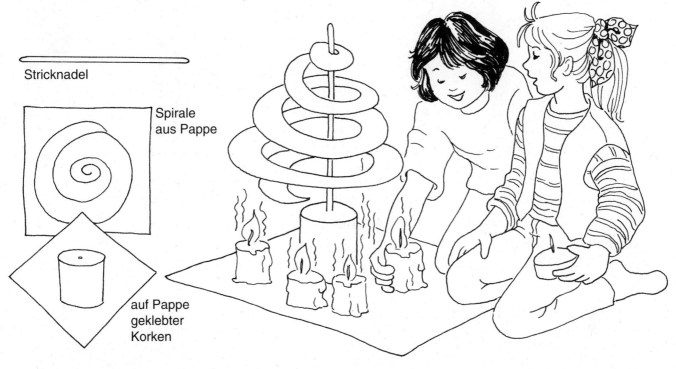

Stricknadel

Spirale
aus Pappe

auf Pappe
geklebter
Korken

Die aufsteigende Wärme bringt die Pappspirale dazu
sich zu drehen.

Lass regnen!

Text: Johann Wolfgang v. Goethe
Melodie: Fr. Zelter

Lass reg - nen, wenn es reg - nen will, dem Wet - ter sei - nen Lauf!

Denn wenn es nicht mehr reg-nen will, so hört's von sel - ber auf.

Doppelte Mitlaute

```
G L A T T E I S H W G P
R B D Q B H I M M E L W
H V O C G E W I T T E R
Y T N L D F H Z K T J S
S O N N E N S C H E I N
M P E M C J D N F R G L
K N R E I F G L Ä T T E
```

Hinter einem kurz gesprochenen Selbstlaut folgt oft ein verdoppelter Mitlaut.

❶ Sieh die Reihen waagrecht und senkrecht durch!
Du findest sieben Wörter mit doppelten Mitlauten.
Alle haben etwas mit dem Wetter zu tun.
Schreibe die Wörter in dein Heft!

Viele Wörter mit verdoppeltem Mitlaut

der Donner, die Sonne, das Gewitter, das Unwetter,
der Hammer, die Tasse, fallen, sammeln, die Blätter,
die Treppe, bellen, essen, der Zettel, schwimmen,
retten, die Stimme, beginnen, klettern, der Schlitten,
das Schiff, gewinnen, der Sommer, bitten, die Suppe,
die Wolle, rollen, hoffen, die Kartoffel, der Koffer,
kommen, der Brunnen, brummen, der Sessel

❷ Ordne nach Namenwörtern und Tunwörtern!

❸ Nun trenne die Wörter!
Klatsche sie zuerst!
Schreibe so:
der Donner – der Don - ner
die Sonne – …

Donnerwetter!

Trennung bei ck

die Hecke – die He - cke
die Hacke – die Ha - cke
die Mücke – die Mü - cke

❹ Trenne folgende Wörter ebenso:
der Zucker, die Decke, die Brücke, der Nacken,
die Glocke, der Wecker!
Klatsche sie zuerst!

Uta schreibt auf, wie das Wetter ist:

Heute regnet es wieder.   Gestern regnete es auch
                                 den ganzen Tag.

Heute (Gegenwart)	Gestern (Vergangenheit)
es regnet	es regne<u>te</u>
es stürmt	es stürm<u>te</u>
es blitzt	es blitz<u>te</u>

❶ Bilde die Vergangenheit von:
   er lacht, sie weint, er sagt, sie hüpft, er klettert,
   sie arbeitet!
   Schreibe: er lacht – er lachte, …

Gegenwart – Vergangenheit

Ich rechne, ich zeichne, ich spiele, ich lege

❷ Schreibe so:
   ich frage – ich fragte
   du fragst – du fragtest
   er, sie, es fragt – er, sie, es fragte
   wir fragen – wir fragten
   ihr fragt – ihr fragtet
   sie fragen – sie fragten

Aufgepasst! Geänderte Vergangenheitsform:
ich schlafe – ich schlief
ich laufe – ich lief
ich singe – ich sang
ich liege – ich lag
ich renne – ich rannte
ich sehe – ich sah
ich bitte – ich bat
ich schwimme – ich schwamm

❸ Kennst du die Vergangenheit von: ich nehme, du schreibst,
   er liest, sie springt, wir kommen, ihr geht, sie rufen?
   Lass dir noch mehr unregelmäßige Vergangenheitsformen
   einfallen! Schreibe sie auf!

Wir messen die Temperatur

Das Thermometer sagt uns, wie warm oder wie kalt es ist.
Ab 20 °C finden wir es draußen angenehm.
Sinkt die Temperatur unter 0 °C, beginnt das Wasser
zu frieren. Es kann sich Raureif und Glatteis bilden
oder es beginnt zu schneien.

❶ Messt die Außentemperatur auf eurem Schulhof!

Wir messen die Windrichtung

Eine einfache Fahne sagt uns, aus welcher Richtung
der Wind weht. Die Himmelsrichtungen müssen wir
vor dem Messen mit dem Kompass feststellen.

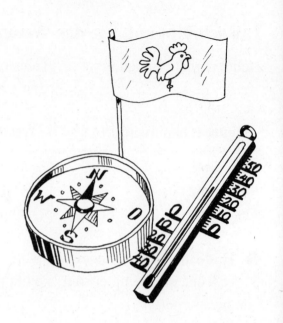

Bauernregeln – die Wettervorhersage von früher

Abendrot – Gutwetterbot'
Morgenrot – Schlechtwetterbot'

Kikerikiii!

Mai kühl und nass
füllt dem Bauer
Scheuer und Fass.

Wenn der Hahn kräht auf dem Mist,
ändert sich's Wetter oder's bleibt wie's ist.

❷ Findest du noch mehr Bauernregeln?

❸ Welche der oben genannten Bauernregeln ist unsinnig?

Der Wetterbericht

Im Norden bleibt es sonnig, in der Mitte Deutschlands
ist es heiter bis wolkig, im Süden kommen am Nachmittag
Gewitter auf.

❹ Suche einen Wetterbericht aus einer Zeitung!
Schreibe ihn ab!

❺ Denke dir einen Wetterbericht für Sommerwetter,
für Winterwetter und für Herbstwetter aus!

Wir beobachten die Bewölkung

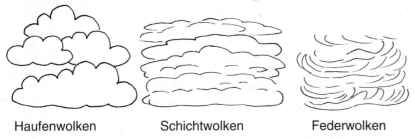

Haufenwolken   Schichtwolken   Federwolken

○ = wolkenlos

◐ = heiter

◑ = halb bedeckt

◕ = wolkig

● = bedeckt

❶ Wie ist die Bewölkung heute?

Wir schätzen die Windstärke (Beaufortskala)

Windstärke 0 = Windstille, 2 = leichter Wind,
4 = mäßiger Wind, 6 = starker Wind, 8 = stürmischer Wind,
10 = Sturm

❷ Schätze die heutige Windstärke ein!

Rätsel

1. Man hört ihn bei Gewitter.
   (2. Buchstaben notieren)
2. Starker Wind
   (4. Buchstaben notieren)
3. Sie zieht am Himmel entlang.
   (4. Buchstaben notieren)
4. Kleine Eisstücke, die vom Himmel fallen.
   (2. Buchstaben notieren)
5. Du kannst nicht weit sehen, alles ist verschwommen.
   (1. Buchstaben notieren)

❸ Löse das Rätsel!
   Das Lösungswort nennt eine gefürchtete Art von Wind.

Der Mensch passt sich an

❹ Warum bestimmt das Wetter auch,
   wie die Menschen ihre Häuser bauen?
   Sprecht darüber!

❺ „Das Wetter schreibt vor, was wir anziehen müssen."
   Stimmt dieser Satz?
   Sprecht darüber!

Nach dem langen Regen

❶ Schreibe die Geschichte auf!

❷ Denke dir eine andere Hochwassergeschichte aus!

❸ Lass dir erzählen,
welche Naturkatastrophen es gegeben hat!
Schreibe auf, was du erfahren hast!

❹ Schreibe eine Gewittergeschichte!

❺ Schreibe eine Glatteisgeschichte
oder eine Schneegeschichte!

Wenn durch das Wetter (Wasser, Orkan, …) Städte und Dörfer zerstört werden, spricht man von **Naturkatastrophen**.

Übungsdiktat

Klara sagt: „Ich kenne ein Rätsel: Es ist eine wunderschöne
Brücke. Man kann nicht darüberlaufen. Die Vögel fliegen
durch sie hindurch. Sie ist ganz bunt."
Ralf ruft: „Das kann ja nur eine Eisenbahnbrücke sein."
„Nein", lacht Klara.
„Vielleicht eine Autobahnbrücke?"
Klara sagt: „Meine Brücke ist hoch oben am Himmel."
„Jetzt weiß ich es", ruft Ralf. „Du meinst einen …!"

❶ Findet das fehlende Wort!
Diktiert euch den Text gegenseitig!

Zauberei:

Ko___ (rn, rk, rb)
Wi___ (nd, rt, ld)
Ke___ (rn, rl, lch)
Wa___ (nd, ld)
Ha___ (ls, lm)

Schi___ (ld, rm)
Wo___ (rt, lf)
He___ (md, rz)
Ba___ (rt, nd)
Sa___ (ft, lz)

We___ (lt, rk)
Fe___ (ld, ls)
Du___ (ft, rst)
Hi___ (rn, rsch)
Ka___ (lb, lk)

❷ Schreibe so: das Korn, der Kork, der Korb, …

Wir trennen

das Regenwetter, die Gewitterwolken, der Blitzschlag,
der Sonnenschein, die Nebelnässe, der Herbststurm,
der Hagelschlag, die Trockenzeit, die Naturkatastrophe

❸ Klatsche zuerst!
Schreibe so: das Regenwetter – das Re - gen - wet - ter, …

„Ihr lieben Freunde.
Viele Grüße aus dem Urlaub.
Es ist hier sehr schön
und ich sitze den ganzen Tag
in der Sonne …"

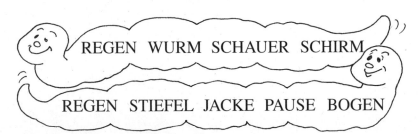

REGEN WURM SCHAUER SCHIRM

REGEN STIEFEL JACKE PAUSE BOGEN

❹ Bilde zusammengesetzte Namenwörter!
Schreibe die Begleiter dazu!
Schreibe so: der Regenwurm, der …

Wetterbeobachtungen

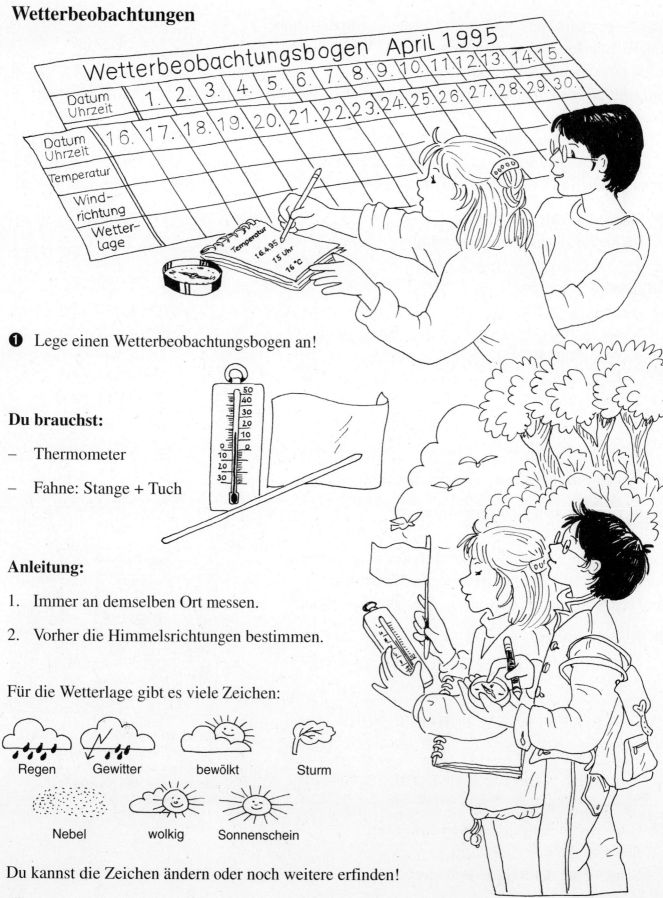

Wetterbeobachtungsbogen April 1995															
Datum Uhrzeit	1.	2.	3.	4.	5.	6.	7.	8.	9.	10.	11.	12.	13.	14.	15.
Datum Uhrzeit	16.	17.	18.	19.	20.	21.	22.	23.	24.	25.	26.	27.	28.	29.	30.
Temperatur															
Wind-richtung															
Wetter-lage															

❶ Lege einen Wetterbeobachtungsbogen an!

Du brauchst:

– Thermometer

– Fahne: Stange + Tuch

Anleitung:

1. Immer an demselben Ort messen.

2. Vorher die Himmelsrichtungen bestimmen.

Für die Wetterlage gibt es viele Zeichen:

Regen   Gewitter   bewölkt   Sturm

Nebel   wolkig   Sonnenschein

Du kannst die Zeichen ändern oder noch weitere erfinden!

Was wir gelernt und wiederholt haben

Wetter in Europa

Thermometer

Bauernregeln

Kike-riki?

Wetterbericht

Hecke He - cke

Bewölkung

Windrichtung Windstärke

Wetterbeobach- tungsbogen

doppelte Mitlaute

Bellen!

Silbentrennung

Naturkatastrophe

Diktat

magische Spirale

Kanon

Vergangenheitsformen

zusammengesetzte Namenwörter

Unsere Stadt

❶ Sprecht darüber, welche Besonderheiten
es in eurem Ort gibt!

Das Ortsspiel

❶ Deine Aufgabe ist es,
möglichst viele Stempel zu sammeln.
Nimm einige Blätter weißes Papier
und lass dir in allen Geschäften,
aber auch vom Rathaus, von der Kirchengemeinde usw.
Stempel daraufdrücken.
Wie viele Stempel bekommst du zusammen?

Aus grauer Städte Mauern

Text: 1. und 2. Vers von Hans Riedel, 3. Vers von Hermann Löns.
Melodie: Robert Götz. © Voggenreiter-Verlag, Bad-Godesberg

1. Aus grau-er Städ-te Mau-ern zieh'n wir in Wald und Feld.
Wer bleibt, der mag ver-sau-ern, wir fah-ren in die Welt!
Hal-li, hal-lo, wir fah-ren, wir
[1.] fah-ren in die Welt! [2.] fah-ren in die Welt!

2. Der Wald ist uns're Liebe,
   der Himmel unser Zelt,
   ob heiter oder trübe,
   wir fahren in die Welt.
   Halli, hallo, wir fahren,
   wir fahren in die Welt.
   Halli, hallo, wir fahren,
   wir fahren in die Welt.

3. Die Sommervögel ziehen
   schon über Wald und Feld.
   Da heißt es Abschied nehmen,
   wir fahren in die Welt.
   Halli, hallo, wir fahren,
   wir fahren in die Welt.
   Halli, hallo, wir fahren,
   wir fahren in die Welt.

Der Krankenhausneubau

Die ___stelle ist vom ___zaun gesichert. Durch das Tor
fahren die ___fahrzeuge und holen ___material herbei.
Dort hat auch der ___leiter seine Hütte. Die ___arbeiter
haben den Roh___ fast fertiggestellt. Dann wird Richtfest
gefeiert.

❶ Schreibe den Text ab!
Setze den Wortbaustein ▢bau▢ oder ▢Bau▢ ein!

Die Wortfamilie „bauen"

Neu___, Alt___, Um___, ___holz, ___platz, an___en,
um___en, ___klotz, ___stein, …

❷ Schreibe die Wörter ab!
Setze ▢Bau▢ oder ▢bau▢ ein!
Suche selbst Wörter, die den Wortbaustein ▢bau▢ enthalten!
Denke auch an ▢Bau▢er und Ge▢bäu▢de!

In der Baugrube

Der Baggerfahrer (baggern) die Fundamente aus.
Der Lastwagenfahrer (fahren) die Erde fest.
Der Baukranführer (entladen) die anfahrenden Lastwagen.
Der Betonbauer (gießen) die Bodenplatte.

Der **Satzgegenstand** sagt,
wer etwas macht:
Baggerfahrer, Betonbauer.
Die **Satzaussage** sagt,
was jemand macht:
baggern, fahren.
Jeder Satz hat einen Satzgegenstand und eine Satzaussage.

❸ Schreibe richtige Sätze auf!
Rahme rot ein, wer etwas macht!
Rahme blau ein, was jemand macht!

Verschiedene Sätze

Vater geht zum Rathaus.
Jessica kauft Salat.
Erik schreibt einen Brief.
In der Schule träumt Simon.

❹ Schreibe den Text ab!
Finde bei jedem Satz Satzgegenstand
und Satzaussage heraus!
Rahme sie rot (wer = Satzgegenstand)
und blau (was = Satzaussage) ein!

Paulchens Dank

Paulchen steht vor einer Haustür und blickt betrübt
vor sich hin. Ein älterer Herr kommt vorbei und fragt:
Nun, mein Kleiner, warum schaust du denn so traurig drein?
Ich reiche nicht zur Klingel hinauf! Da will ich dir gerne
helfen! , sagt der freundliche Herr und hebt Paulchen hoch,
damit er auf den Klingelknopf drücken kann. Danke! ,
sagt der Kleine, aber jetzt müssen wir beide rennen,
damit sie uns nicht erwischen!

❶ Schreibe die Geschichte ab!
Finde die wörtliche Rede heraus!
Setze die Anführungszeichen!

❷ Hast du auch schon einmal einen Klingelstreich gemacht?
Schreibe deine Geschichte auf!

Geschichten, Geschichten

❸ Suche dir eines von den „Häusern" am Rand aus!
Schreibe dazu eine Geschichte!

Krankenhaus
Polizei
Zahnarzt
Heimatmuseum
Burgruine

Im Museum

Auf dem Dachboden des Heimatmuseums finden Marion
und Eva eine merkwürdige alte Flasche. Marion zieht
den Korken heraus. Da quillt weißer Nebel aus der Flasche.
Eine weiße Gestalt bildet sich. Marion und Eva erschrecken
furchtbar. Die weiße Gestalt ruft: „ …"

❹ Schreibe die Geschichte zu Ende!

❺ Denke dir eine andere Gespenstergeschichte aus!

❻ Trage deine Geschichten
in ein besonderes Geschichtenheft ein!
Lass sie aber zuvor von deinen Eltern
oder deiner Lehrerin korrigieren!

❼ Male zu jeder Geschichte ein Bild!

Die Besonderheiten deines Ortes

❶ Dein Freund will dich besuchen.
Schreibe ihm, was es in deinem Ort
alles zu sehen und zu erleben gibt!

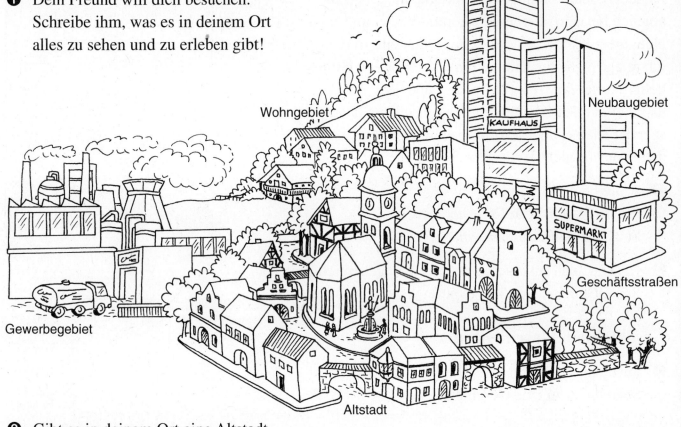

Wohngebiet

Neubaugebiet

KAUFHAUS

SUPERMARKT

Geschäftsstraßen

Gewerbegebiet

Altstadt

❷ Gibt es in deinem Ort eine Altstadt,
ein Neubaugebiet, reine Wohngegenden,
ein Gewerbegebiet (Industriegebiet), Geschäftsstraßen?

❸ Schreibe die Namen der Fabriken in deinem Ort auf!
Nenne die Geschäftsstraßen!
Schreibe auch die Namen einiger Straßen auf,
die durch Wohngebiete führen!

❹ Finde heraus, ob in deinem Ort berühmte Leute
gelebt haben und warum sie berühmt waren!

Freizeit

Überall gibt es Freizeitangebote.

❺ Finde heraus, welche Freizeitangebote
es in deinem Ort gibt!
Berücksichtige die Freizeitangebote
für Mädchen und Jungen!
Lege eine Liste an!

So lernen wir unseren Ort kennen

In vielen Orten sind Straßen nach Menschen
aus früheren Zeiten benannt.

❶ Finde einige Straßen in deinem Wohnort heraus,
die nach einem bekannten Menschen benannt wurden!
Oft gibt ein kleines Schild unter dem Straßennamenschild
Auskunft über diesen Menschen.

❷ Viele Orte haben ein besonderes Fest.
Gibt es ein besonderes Fest in deinem Ort?

❸ Jeder Ort hat einen Ortsplan.
Hole dir einen beim Rathaus!
Suche deine Straße heraus!
Zeichne ein, wo du wohnst!
Zeichne auch ein, wo deine Mitschülerinnen
und Mitschüler wohnen!

Kernort – Teilort (Ortsteile)

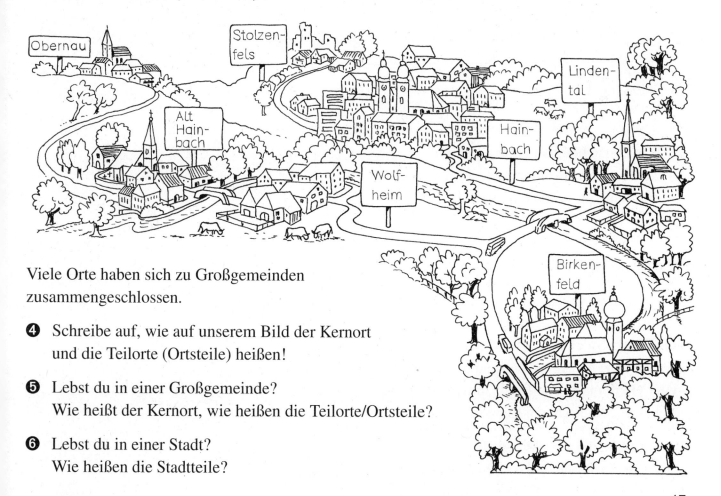

Viele Orte haben sich zu Großgemeinden
zusammengeschlossen.

❹ Schreibe auf, wie auf unserem Bild der Kernort
und die Teilorte (Ortsteile) heißen!

❺ Lebst du in einer Großgemeinde?
Wie heißt der Kernort, wie heißen die Teilorte/Ortsteile?

❻ Lebst du in einer Stadt?
Wie heißen die Stadtteile?

Die Hirschauer kaufen einen Regen

Das Dorf Hirschau liegt bei Schilda, wo es sehr kluge Leute
gibt. Wochenlang schon brennt die Sonne vom Himmel.
Die Hirschauer denken: „Wenn es nicht bald regnet,
können wir auf den Feldern und in den Gärten nichts ernten."
Sie schicken einen Mann mit hundert Gulden nach der Stadt
Schilda. Er soll in der Apotheke einen Regen kaufen.
Der Apotheker hört das, fängt eine Fliege, nimmt eine
kleine Schachtel und sperrt sie hinein. „Du darfst den Regen
erst daheim herauslassen", sagt der Apotheker. Den Mann
plagt die Neugierde, er öffnet die Schachtel und surr –
schwirrt die Fliege fort.
Zu Hause erzählt der Mann: „Ich habe den Regen
schon unterwegs herausgelassen."
Zufällig gibt es am nächsten Tag ein starkes Gewitter
mit Hagel. Die Hirschauer besehen den Schaden und meinen:
„Es ist doch viel gewesen: Regen für hundert Gulden.
Nächstes Mal kaufen wir für nur fünfzig Gulden Regen."

nach Rudolf Kubitschek

❶ Diese Geschichte ist in der Gegenwartsform geschrieben,
als ob sie gerade geschieht.
Schreibe sie ab!
Setze aber die Vergangenheitsform ein!
Schreibe so: Die Hirschauer kauften einen Regen.
Das Dorf Hirschau lag bei Schilda,
wo es sehr kluge Leute gab.
Wochenlang schon brannte …

Der verschwundene Dackel

Muckermanns Dackel Waldi ist seit drei Tagen verschwunden.
Ich fürchte, er findet den Weg nicht mehr alleine nach Hause ,
seufzt Herr Muckermann. Ich werde eine Anzeige in die
Zeitung setzen , sagt seine Frau. Die Zeitung wird überall
in der Gemeinde verteilt. Ja, aber bist du sicher ,
fragt Herr Muckermann seine Frau, dass Waldi lesen kann?

❷ Schreibe die Geschichte ab!
Setze die fehlenden Anführungszeichen ein!

Wortbaustein Stadt oder stadt

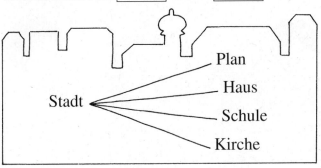

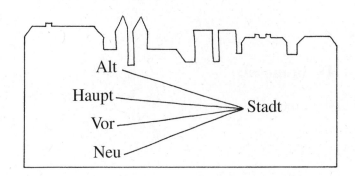

❶ Bilde alle Wörter!

Kennst du noch mehr?

Merke: Stadt wird immer mit dt geschrieben.

Aber: Werksta(tt) und ansta(tt) oder sta(tt)dessen

schreibe mit tt.

Satzgegenstand – Satzaussage

Auf dem Wochenmarkt

Gestern spazierte ich über den Wochenmarkt.

Plötzlich rannte ein Hund hinter einer Katze her.

Die Katze sprang vor Angst auf einen Verkaufstisch

mit Apfelkartons. Sie fauchte den Hund an.

Plötzlich kippte der Apfelkarton. Die Äpfel fielen

auf den Hund. Der Hund erschrak fürchterlich.

Blitzschnell sauste er weg.

❷ Schreibe die Geschichte ins Heft!

Kreise in jedem Satz den Satzgegenstand rot,

die Satzaussage blau ein!

Gegenwart – Vergangenheit

heute	gestern	gestern	heute
Ich sitze.	– Ich ___	Er log.	– Er ___
Du trinkst.	– Du ___	Wir schlugen.	– Wir ___
Ihr biegt.	– Ihr ___	Sie schrien.	– Sie ___

❸ Schreibe die Tunwörter ab!

Setze die Vergangenheit oder die Gegenwart dazu!

Ein Würfelspiel von deinem Ort

Du brauchst:

– einen Pfennig

– Buntstifte

– evtl. Folie und Tesafilm

Spieleranzahl: 2–5 Personen

Anleitung:

1. Mit dem Pfennig die Felder aufmalen (1–60).

2. In die Zwischenräume Sehenswürdigkeiten oder sonstige wichtige Gebäude/Einrichtungen der Stadt zeichnen. Diese bunt anmalen.

3. Jedes dritte oder vierte Feld rot anmalen

4. Für jedes rote Feld eine Belohnung oder Strafe überlegen und aufschreiben.
   Zum Beispiel: ❸ Du hast den Führerschein vergessen: Fange von vorn an.
   ❼ Du hast deinen Freund im Krankenhaus besucht: Würfle zweimal.
   ❽ Du bist zu schnell gefahren: Warte, bis alle anderen an dir vorbei sind.
   … Du darfst erst weiter, wenn du eine Sechs gewürfelt hast.
   … zweimal mit Würfeln aussetzen.
   … Setze die Figur eines Mitspielers vier Felder zurück.
   …

5. Das restliche Würfelspiel bunt anmalen.

Tip: Das Spiel hält länger, wenn es mit durchsichtiger Folie überzogen wird.

Was wir gelernt und wiederholt haben

Stadtplan

Wortbaustein
Stadt und stadt

Kernort
Teilorte

wörtliche
Rede

Geschichtenheft

Wortfamilie
„bauen"

Besonderheiten/
Freizeitangebote
des eigenen Wohnorts

Stempel

Gegenwart
Vergangenheit

Satzgegenstand

Satzaussage

Würfelspiel

Lied

Kreislauf des Wasser

❶ Sprecht über den Kreislauf des Wassers!

Kunststück mit Wasser

1. Wasserglas bis oben füllen.

2. Ein Stück glattes Papier auflegen
   und auf die Ränder drücken.

3. Wasserglas vorsichtig umdrehen.
   Wasser bleibt im Glas.
   Nicht warten, bis das Papier aufgeweicht ist.

Über'n See

Pfänderlied aus Nordböhmen.
Wer in die Pause hineinsingt, gibt ein Pfand.

Text und Melodie: volkstümlich

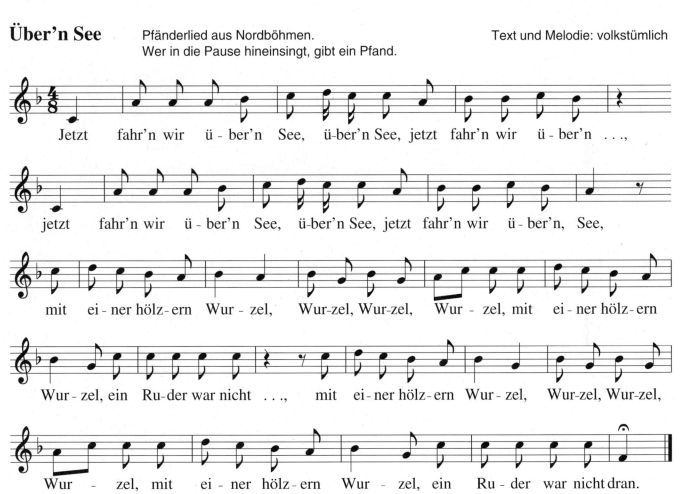

Jetzt fahr'n wir ü-ber'n See, ü-ber'n See, jetzt fahr'n wir ü-ber'n ...,

jetzt fahr'n wir ü-ber'n See, ü-ber'n See, jetzt fahr'n wir ü-ber'n, See,

mit ei-ner hölz-ern Wur-zel, Wur-zel, Wur-zel, Wur-zel, mit ei-ner hölz-ern

Wur-zel, ein Ru-der war nicht ..., mit ei-ner hölz-ern Wur-zel, Wur-zel, Wur-zel,

Wur-zel, mit ei-ner hölz-ern Wur-zel, ein Ru-der war nicht dran.

2. Und als wir drüber war'n, drüber war'n,
   und als wir drüber …,
   und als wir drüber war'n, drüber war'n,
   und als wir drüber war'n,
   da sangen alle Vöglein, Vöglein, Vöglein, Vöglein,
   da sangen alle Vöglein, der helle Tag brach …,
   da sangen alle Vöglein, Vöglein, Vöglein, Vöglein,
   da sangen alle Vöglein, der helle Tag brach an.

3. Der Jäger blies ins Horn, blies ins Horn,
   der Jäger blies ins …,
   der Jäger blies ins Horn, blies ins Horn,
   der Jäger blies ins Horn,
   da bliesen alle Jäger, Jäger, Jäger, Jäger,
   da bliesen alle Jäger, ein jeder in sein …,
   da bliesen alle Jäger, Jäger, Jäger, Jäger,
   da bliesen alle Jäger, ein jeder in sein Horn.

Zwei Mitlaute am Wortanfang

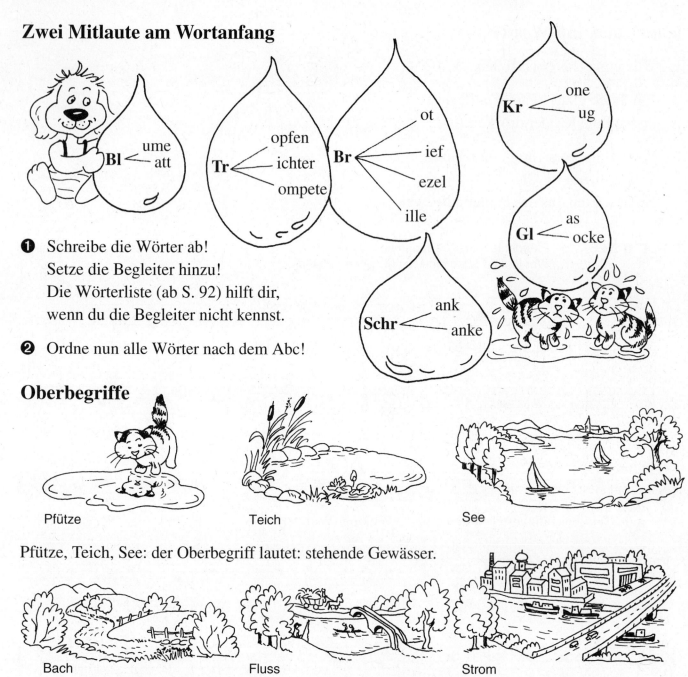

Bl — ume / att

Tr — opfen / ichter / ompete

Br — ot / ief / ezel / ille

Kr — one / ug

Gl — as / ocke

Schr — ank / anke

❶ Schreibe die Wörter ab!
Setze die Begleiter hinzu!
Die Wörterliste (ab S. 92) hilft dir,
wenn du die Begleiter nicht kennst.

❷ Ordne nun alle Wörter nach dem Abc!

Oberbegriffe

Pfütze   Teich   See

Pfütze, Teich, See: der Oberbegriff lautet: stehende Gewässer.

Bach   Fluss   Strom

Bach, Fluss, Strom: der Oberbegriff lautet: fließende Gewässer.

- Stuhl, Tisch, Bett
- Hose, Jacke, Anorak
- Kartoffeln, Mehl, Zucker
- Sandalen, Stiefel, Pantoffeln

❸ Suche die passenden Oberbegriffe!
Schreibe so:
Stuhl, Tisch, Bett: das sind Möbel.
Hose, …

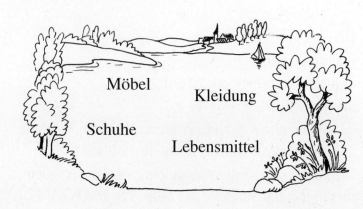

Möbel

Kleidung

Schuhe

Lebensmittel

Viele Erlebnisse und Beobachtungen

Lagerfeuer

erste Seilbahnfahrt

allein im dunklen Keller

Schifffahrt

erster Sprung vom Dreimeterbrett

schweres Gewitter

❶ Sprecht über solche oder ähnliche Erlebnisse und Beobachtungen!
Erzählt sie euch gegenseitig!

❷ Schreibe einige Erlebnisse und Beobachtungen auf!

❸ Übertrage sie sauber in dein Geschichtenheft!
Male ein Bild dazu!

Das Wassertröpflein

Tröpflein muss zur Erde fallen,
muss das zarte Blümlein netzen,
muss mit Quellen weiter wallen,
muss das Fischlein auch ergötzen,
muss im Bach die Mühle schlagen,
muss im Strom die Schiffe tragen.
Und wo wären denn die Meere,
wenn nicht erst das Tröpfchen wäre?

Johann Wolfgang von Goethe

❶ Lest das Gedicht durch!
Sprecht noch einmal über den Kreislauf des Wassers!

Pflanzen, Tiere und Menschen brauchen Wasser

❷ Überlege, wozu Menschen Wasser brauchen!

❸ Notiere genau, wann und wofür bei dir zu Hause
Wasser gebraucht wird!
Schreibe so:
6.50 Uhr Toilette, 6.55 Uhr Zähneputzen,
7.00 Uhr Waschen, 7.10 Uhr Kaffee kochen, …,
19.30 Uhr Duschen, …

❹ Finde heraus, wo Wasser gespart werden kann!

Wasserarme Länder

❺ Überlege, welche Folgen die Wasserknappheit
für Menschen, Tiere und Pflanzen hat!

❻ Wann tritt bei uns in Deutschland Wasserknappheit auf?

Wasserversorgung früher

❶ Sprecht über die Wasserversorgung
und die Wasserentsorgung früherer Zeiten!

Wasserentsorgung heute

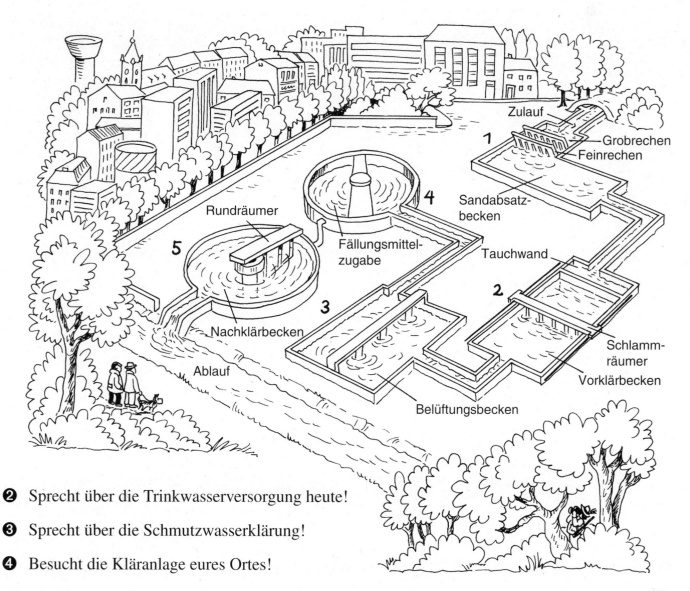

❷ Sprecht über die Trinkwasserversorgung heute!

❸ Sprecht über die Schmutzwasserklärung!

❹ Besucht die Kläranlage eures Ortes!

Reporter Lesenicht berichtet

Wegen der anhaltenden Regenfälle der letzten Tage
schwollen die Bäche unseres Ortes so stark an,
dass es gestern Nachmittag infolge eines Dammbruches
in der unteren Wiesenstraße zu einer Überschwemmung
der anliegenden Gehöfte kam. Die in den vom Hochwasser
bedrohten Stallungen untergebrachten Milchkühe
und Schweine konnten mit Hilfe von Schlauchbooten
in Sicherheit gebracht werden.

❶ Suche aus der Tageszeitung kurze Zeitungsberichte heraus!
Lies sie in der Schule vor!

Ein **Bericht** enthält immer
eine genaue Zeitangabe
und eine genaue Ortsangabe.

Du berichtest

❷ Schreibe selbst zu jedem Bild
einen Zeitungsbericht!

Buchstabenrätsel

29 Wörter mit zwei Mitlauten
am Anfang haben sich
in den Buchstabenreihen
rechts versteckt.

❶ Spüre sie auf!
Schreibe sie in dein Heft!

```
BRÜCKEJSKRANK
RQZKNOCHENCFL
EXFROSCHKNOPF
ZGLOCKEZWEIGZ
EBINKPBLATTCW
LRNEGLASNRBFI
FIKKRANBRILLE
LEKRÖTEHVCUAB
OFLUGZEUGHMSE
CRETROMPETECL
KAIFAKRUGEYHD
EUDPSBREIRLEP
```

Oberbegriffe

- Rhein, Elbe, Oder, Weser
- Nelke, Veilchen, Anemone, Dahlie
- Kaffee, Tee, Kakao, Limonade
- Schaf, Ziege, Kuh, Gans
- Apfel, Kirsche, Birne, Apfelsine
- Gurke, Bohne, Möhre, Weißkohl
- Eiche, Birke, Tanne, Buche
- Frankfurt, Stuttgart, Berlin, Leipzig
- Italiener, Dänen, Franzosen, Polen

❷ Suche die Oberbegriffe!
Schreibe so:
Rhein, Elbe, Oder, Weser: Flüsse
Nelke, …

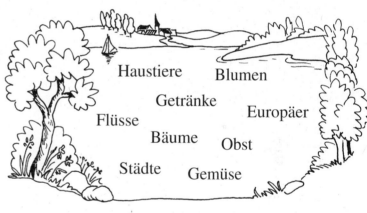

Haustiere   Blumen
Getränke   Europäer
Flüsse   Bäume   Obst
Städte   Gemüse

Zungen-
brecher

Fischers Fritz fischt frische Fische,
frische Fische fischt Fischers Fritz.

❸ Sprich die Zungenbrecher
schnell, aber fehlerlos nach!

Zwischen zwei Zwetschgenzweigen
sitzen zwei zwitschernde Schwalben.

So stelle ich einen Regenbogen her

Du brauchst:

- starke Taschenlampe

- Wasser-Zerstäuber

Anleitung:

1. Taschenlampe anknipsen.

2. Wasser zerstäuben und anstrahlen.

3. Von der Seite schauen.

Wasser kann nach oben fließen!

Du brauchst:

- zwei Eimer

- Schlauch

- Wasser

Anleitung:

1. Eimer aufstellen.
   (Der untere Eimer ist leer, der obere halb voll mit Wasser.)

2. Schlauch in den gefüllten Eimer hängen.
   Wasser am Schlauchende mit dem Mund ansaugen
   und das Schlauchende nun in den zweiten Eimer legen.

3. Beobachten, wie das Wasser von alleine
   in dem Schlauch hochsteigt
   und dann in den unteren Eimer fließt.

Was wir gelernt und wiederholt haben

Kreislauf des Wassers

Wasserversorgung früher/heute

wasserarme Länder

Zeitungsbericht

Kläranlage

Anleitung: Regenbogen zaubern

Mitlaute am Wortanfang

Wau, wau. Bell, bell, bell. Waauu!

Wasserverbrauch Wasserknappheit

Zaubertrick

Gedicht

Oberbegriffe

Lied

Erlebnisse/ Beobachtungen aufschreiben

Am Waldrand

❶ Kennst du die Pflanzen und Tiere auf diesem Bild?
Benenne sie!

Fleisch fressende Pflanzen

Tiere fressen oft Pflanzen. Das weiß jeder.
Es gibt aber auch Pflanzen, die Tiere fressen.
Bei diesen Pflanzen bleiben an den klebrigen Härchen
Fliegen hängen. Die Härchen legen sich um die Fliege
und verdauen sie. Die unverdaulichen Reste
(Flügel und Beinchen usw.) fallen zu Boden,
wenn die Fliege verdaut ist und das Fangorgan
sich wieder öffnet.

Sonnentau

Ich ging durch einen grasgrünen Wald

Text 1. Strophe und Melodie: volkstümlich
Text 2. und 3. Strophe: H. Kletke (1813–1886)

1. Ich ging durch ei-nen gras-grü-nen Wald, da hört' ich die Vö-ge-lein sin-gen: Sie sin-gen so jung, sie sin-gen so alt, die klei-nen Vö-ge-lein in dem Wald, die hör' ich so ger-ne wohl sin-gen.

2. O sing' nur, singe Frau Nachtigall!
   Wer möchte dich Sängerin stören.
   Wie wonniglich klingt's im Widerhall!
   Es lauschen die Blumen, die Vögel all'
   und wollen die Nachtigall hören.

3. Nun muss ich wandern bergauf, bergab,
   die Nachtigall singt in der Ferne.
   Es wird mir so wohl, so leicht am Stab,
   und wie ich schreite hinauf, hinab,
   die Nachtigall singt in der Ferne.

63

Obsternte

Sebastian will Äpfel pflücken. Zuerst holt Sebastian
eine lange Leiter und stellt die Leiter in den Baum.
Dann holt Sebastian einen Eimer mit einem Haken
und klettert die Leiter hoch. Sebastian pflückt alle Äpfel ab,
die Sebastian erreichen kann. Die Äpfel, die ganz außen
hängen, erntet Sebastian mit dem Obstpflücker.

❶ Lies die Geschichte aufmerksam durch!
Was fällt dir auf?

❷ Setze das persönliche Fürwort „er" ein!

❸ Schreibe so: Ich will Äpfel pflücken …

Telefongespräch

Hallo, Julia! ___ habe schon gestern versucht
dich am Telefon zu erreichen! Bist ___ nicht
zu Hause gewesen?
___ weißt doch, dass ___ mittwochs immer für meine Groß-
eltern auf dem Markt einkaufe. ___ wohnen im dritten Stock
und können nicht mehr gut laufen. Heute will ___ noch einmal
hingehen. Mein Großvater ist krank. ___ liegt im Bett.
___ will ihm einen Blumenstrauß bringen.
Wenn ___ mich mitnimmst, gehe ___ mit dir. ___ können
deinen Großvater gemeinsam besuchen.

> Mit den persönlichen Fürwörtern
> „ich" und „wir" kann man auf
> sich selbst, mit „du" und „ihr"
> auf den Gesprächspartner
> verweisen. Mit den Fürwörtern
> „er"/„sie"/„es" und „sie"
> verweist man auf Satzglieder,
> die vorher im Text genannt
> wurden.

> Persönliche Fürwörter:
> ich
> du
> er/sie/es
> wir
> ihr
> sie

❹ Schreibe den Text ab!
Setze die persönlichen Fürwörter ein (ich, du, er, wir, sie)!

❺ Überlege, wie du die fehlenden Anführungszeichen
setzen musst!

Wortbausteine

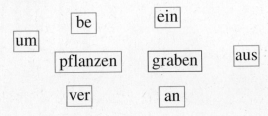

❻ Versuche neue Wörter mit den Wortbausteinen zu bilden!

❼ Erkläre jedes Wort!

Grundstufe/Steigerungsstufe/Höchststufe

Der Hase ist **klein**.
Grundstufe

Der Igel ist **kleiner**.
Steigerungsstufe

Die Maus ist am **kleinsten**.
Höchststufe

Grundstufe	Steigerungsstufe	Höchststufe
schnell		
		am schlimmsten
	größer	
		am schönsten
	länger	
scharf		
	dunkler	

❶ Übertrage diese Liste in dein Heft!
Fülle die Lücken aus!

❷ Finde die Steigerungsstufe von „gut", „hoch" und „gern"!
Achtung! Was ist mit „richtig", „falsch", „tot"?

Für die **Steigerungsstufe** wird der Wortbaustein er angehängt,
für die **Höchststufe** sten oder ste.

Der Wortbaustein ge in Vergangenheitsformen

ge laufen   ge schlafen   ge rufen   ge schwommen

Gestern wurde Julia von ihrem Dackel Waldi ___ (wecken),
der Gassi musste. Nachdem sie ___ (frühstücken) hatte,
holte sie die Hundeleine. Als Waldi das sah, hat er freudig
___ (bellen). Dann sind sie zusammen in den Wald ___
(gehen). Dort haben sie ein Eichhörnchen ___ (sehen).
Das Eichhörnchen fühlte sich von Waldi ___ (stören)
und verschwand blitzschnell. Einige Zeit später sind sie
dann nach Hause ___ (gehen).

❸ Setze die Vergangenheitsformen ein!

Menschen ernähren sich von Pflanzen

Die Getreidearten

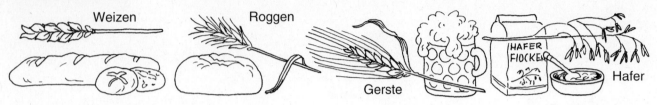

❶ Kennst du noch mehr Nahrungsmittel,
die aus Getreide hergestellt werden?

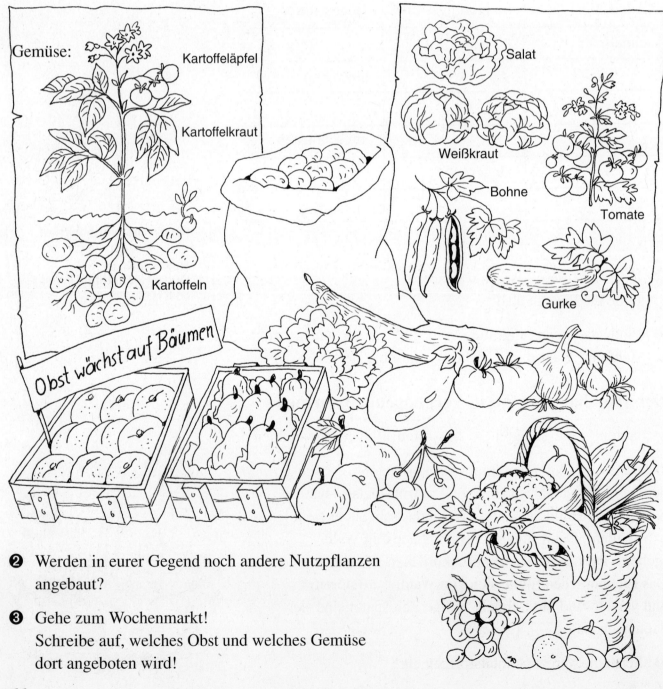

❷ Werden in eurer Gegend noch andere Nutzpflanzen
angebaut?

❸ Gehe zum Wochenmarkt!
Schreibe auf, welches Obst und welches Gemüse
dort angeboten wird!

Der Mensch und die Natur

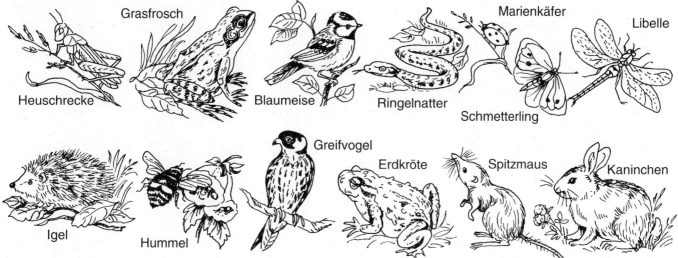

Heuschrecke — Grasfrosch — Blaumeise — Ringelnatter — Marienkäfer — Schmetterling — Libelle

Igel — Hummel — Greifvogel — Erdkröte — Spitzmaus — Kaninchen

❶ Diese Tiere und noch einige mehr leben auf einer Wiese vor der Stadt. Dort sollen jetzt Häuser gebaut werden. Sprecht darüber, was das für die Tiere bedeutet!

Gartenteich für Frosch und Kröten

Alexander spricht für die Menschen.
„Wir Menschen brauchen Häuser …"
Navina spricht für die Tiere.
„Die Tiere brauchen ihren Lebensraum …"

❷ Überlegt gemeinsam, ob es Möglichkeiten gibt, den Tieren im Garten einen Lebensraum zu schaffen!

❸ Fremde Worte: Artenschutz, Naturschutz, Versteinerungen. Kannst du diese Worte erklären?

❹ Berichte von einem Erlebnis mit einem heimischen Tier! Schreibe es auf!
Trage es in dein Geschichtenheft ein!

Reisighaufen für Igel

Übungsdiktat

Dirks Vater sagt eines Tages: „Ich habe bei meinem Freund
im Garten einen Gartenteich gesehen. Der hat mir gut gefallen.
Wir könnten auch einen Teich anlegen. Was meinst du,
hilfst du mir?" Dirk meint: „Ein Teich mit vielen Pflanzen
für die Wassertiere, der gefällt mir. Wir holen dann
große Steine vom Feld und legen sie dazu."

❶ Diktiere dieses Übungsdiktat deinem Banknachbarn
oder deiner Banknachbarin!
Lasse es dir anschließend selbst diktieren!

Drei Geschichtenanfänge

Am Waldrand saß ein Hase und schaute über das Feld.
Da sah er plötzlich …

Ein Frosch saß hungrig im Schilf am Teichrand.
Eine dicke Fliege …

Ein Rehkitz lag allein im Wald in seinem Versteck
unter einem Busch. Auf einmal hörte es ein Geräusch …

❷ Schreibe jede Geschichte fertig!

Die Blume mit den vielen Namen

Es gibt eine Blume, die haben alle Kinder gerne.
Darum haben sie ihr auch viele Namen gegeben.
Sie heißt Maiblume, Butterblume, Milchbusch,
Löwenzahn, Kuhblume, Kettenblume, Uhrenblume,
Ringelblume, Pusteblume.
Ein kleines Mädchen nannte sie immer Sonnenblümchen.
Auch dieser Name passt gut.

❸ Schreibe auf, warum die Kinder
der Blume diese Namen gegeben haben!
Schreibe so:
Die Blume heißt Maiblume, weil sie …
Die Blume heißt Butterblume, weil sie …

Verrückt

In einer Höhle hausen Fledermäuse.
Alle hängen mit dem Kopf nach unten, nur eine nicht –
sie hat den Kopf oben.
  Was ist denn mit der los? , fragt eine der Fledermäuse.
  Ganz einfach , antwortet ihr Nachbar,   die lernt Yoga .

❶ Hier wurden die Anführungszeichen weggelassen.
Schreibe die Geschichte in dein Heft!
Setze die Anführungszeichen!

Zwei Wortbausteine am Wortende: lich und ig

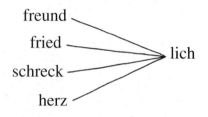

freund
fried
schreck   lich
herz

geschwätz
kratz
kräft   ig
berg

lich und ig machen
aus Namenwörtern
Wiewörter.

❷ Bilde zu jedem Wort einen Satz!

Hühner in der Schule

Die Kinder der Klasse 4 haben einen ___ gebaut.
Im Innenhof ihrer Schule wohnt jetzt der ___ Otto
mit den Hennen Olga und Emma. Die Kinder füttern
ihre ___ jeden Tag. Gleich am Morgen schauen sie nach,
ob die ___ Eier gelegt haben. Oft bekommen die Hühner
auch ein Stück vom ___ ab. Otto, Olga und Emma
fressen Körner, Brot, Wurst, Käse, Salat, Löwenzahn,
Kartoffeln, aber auch ___ und Käfer. Otto ___ oft laut.
Die Kinder haben sich daran ___ . Sie warten darauf,
dass die Hennen auf den Eiern sitzen bleiben und ___ .
Dann gibt es bald winzig kleine ___ .

❸ Schreibe den Text ab!
Setze die folgenden Wörter in die Lücken:
brüten, gewöhnt, Hahn, Hennen, Regenwürmer,
Hühnerstall, kräht, Küken, Hühner, Pausenbrot!

Bilder aus gepressten Pflanzen

Du brauchst:

– gepresste Blätter und Blüten

– helle Pappe

– Klebstoff

– kleine Bilderrahmen

1. Blätter und Blüten von Pflanzen, Bäumen und Sträuchern suchen und eine Woche lang zwischen alte dicke Bücher legen.

2. Die gepressten Pflanzen so aufkleben, dass eine Landschaft entsteht. Vorsicht, gepresste Blätter und Blüten sind zerbrechlich!

3. Die „Landschaft" einrahmen.

Was wir gelernt und wiederholt haben

persönliche
Fürwörter

Hühner

Grundstufe
Steigerungsstufe
Höchststufe

wörtliche Rede

Pflanzen und Tiere
in Wald und Feld

Gemüsepflanzen
Obst

Vergangenheitsformen

KARTOFF

Versteinerungen
Artenschutz
Naturschutz

Gerste!

Getreidearten

Lied

Wortbaustein ge
Wortbaustein lich
Wortbaustein ig

„Fleisch fressende"
Pflanzen

Bastelanleitung

Diktat

Pusteblume

Verschiedene Fahrzeuge

❶ Kennst du die verschiedenen Fahrzeuge?

„Schaufelraddampfer" mit Gummimotor

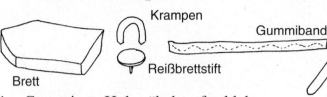

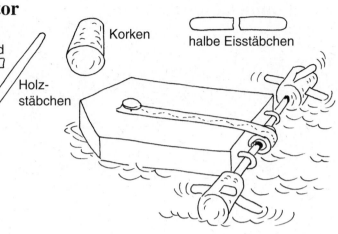

1. Gummi am Holzstäbchen festkleben.
2. Trocknen lassen.
3. Gummi aufdrehen.
4. Schiff auf das Wasser setzen.
   Vorsicht, es kommt nicht zurück!

Fuhrmann und Fährmann

Text und Melodie: volkstümlich

1. Was macht der Fuhr-mann? Der Fuhr-mann spannt den Wa-gen an, die
Pfer-de zieh'n, die Peit-sche knallt, dass laut es durch die Stra-ßen schallt.
He, ___ Fuhr-mann, he, ___ he, hol-la he!

2. Was macht der Fährmann?
   Der Fährmann legt am Ufer an
   und denkt: „Ich halt' nicht lange still,
   es komme, wer da kommen will."
   He, Fährmann, he, he, holla he!

3. Da kam der Fuhrmann
   mit seinem großen Wagen an,
   der war mit Kisten vollbespickt,
   dass sich der Fährmann sehr erschrickt.
   He, Fährmann, he, he, holla he!

4. Da sprach der Fährmann:
   „Ich fahr euch nicht, Gevattersmann,
   gebt ihr mir nicht aus jeder Kist'
   ein Stück von dem, was drinnen ist."
   He, Fährmann, he, he, holla he!

5. „Ja", sprach der Fuhrmann.
   Und als sie kamen drüben an,
   da öffnet er die Kisten g'schwind,
   da war nichts drin als lauter Wind.
   He, Fährmann, he, he, holla he!

6. Schalt da der Fährmann?
   O nein, o nein! Er lachte nur:
   „Aus jeder Kist' ein bisschen Wind,
   dann fährt mein Schifflein auch geschwind."
   He, Fährmann, he, he, holla he!

Wortfamilie „fahren"

an
um
aus
über
ver

fahren

fahren

ab
hoch
herunter
herüber

❶ Bilde zu jedem Wort einen Satz!
Schreibe ihn ins Heft!

Wortbaustein |Fahr| und |fahr|

❷ Ordne die Wörter nach dem Abc!
Schreibe sie ins Heft!

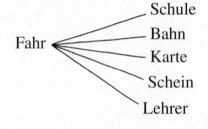

Fahr — Schule, Bahn, Karte, Schein, Lehrer

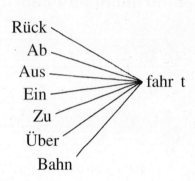

Rück, Ab, Aus, Ein, Zu, Über, Bahn — fahr t

Das endlos lange Wort

FAHRBAHNHOFTORSCHLÜSSELBLUMENFENSTER

❸ Was fällt an diesem Wort auf?
Verlängere diese Kette um möglichst viele Wörter!

Im Zug
Ein Mann sagt während einer
Eisenbahnfahrt zu seiner Frau:
„Hätte ich doch bloß meinen
Schreibtisch mitgenommen!"
Erstaunt fragt sie: „Warum das?"
„Weil auf meinem Schreibtisch
die Fahrkarten liegen!"

Zwei Namenwörter verbinden sich

WASSER	HAUS
HAND	BAHN
GUMMI	MANN
SCHNEE	RAD
AUTO	HAHN
HOLZ	SCHUH
BERG	BALL

❹ Wie heißen die zusammengesetzten Namenwörter?

❺ Bilde möglichst viele zusammengesetzte Namenwörter!

Wir finden den Oberbegriff

Bus, Auto, Eisenbahn, Pferdewagen	
Kaffee, Tee, Limonade, Milch	
Eiche, Birke, Buche, Ahorn	
Apfel, Birne, Apfelsine, Kirsche	
Nelke, Narzisse, Aster, Tulpe	
Kuh, Schaf, Ziege, Huhn	

❶ Setze den passenden Oberbegriff ein!
Obst, Bäume, Getränke, Haustiere, Blumen.
Schreibe so:
Bus, Auto, Eisenbahn, Pferdewagen sind Fahrzeuge.

❷ Was gehört zu Gemüse?
Schreibe alle Gemüsesorten auf, die du kennst!
Was gehört zu Vögeln?
Schreibe alle Vogelarten auf, die du kennst!
Was gehört zu Möbeln?
Schreibe alle Möbel auf, die du kennst!
Was gehört zu Kleidung?
Schreibe alle Kleidungsstücke auf, die du kennst!

Die Reise nach Jerusalem

Die Kinder der Klasse 3c spielen „Die Reise nach Jerusalem".
Die Lehrerin bläst auf der Flöte ein Lied. Die Kinder laufen
um eine Stuhlreihe herum. Frau Bäcker hört auf zu spielen.
Die Kinder rennen zu den Stühlen. Sie setzen sich.
Axel findet keinen Platz. Er scheidet aus. Frau Bäcker nimmt
einen Stuhl weg. Sie flötet wieder. Die Schüler laufen erneut
um die Stuhlreihen herum. Da hört Frau Bäcker wieder auf.
Die Kinder setzen sich. Nun steht Sinia da. Sie scheidet aus.
Frau Bäcker nimmt wieder einen Stuhl weg. Zuletzt steht
nur noch ein Stuhl da. Judith setzt sich drauf. Sie gewinnt.

> Wir wiederholen:
> Satzgegenstand, Satzaussage.
> Der **Satzgegenstand** sagt uns,
> wer etwas tut.
> Die **Satzaussage** sagt uns,
> was jemand tut.

Gewonnen!

Ich auch!

❸ Schreibe den Text ins Heft ab! Kreise in jedem Satz
den Satzgegenstand rot, die Satzaussage blau ein!

❹ Spielt „Reise nach Jerusalem"!

Menschen bauen sich Fahrzeuge

❶ Sprecht darüber, wie sich die Fahrzeuge entwickelt haben!

Die Werkzeugkiste

Steffens Vater liegt unter dem Auto.
Er will dort etwas reparieren.
Er ruft: „Steffen, rück mir doch mal bitte
meine Werkzeugkiste etwas näher heran!"
Steffen schaut sich die vielen Werkzeuge an,
die darin sind.

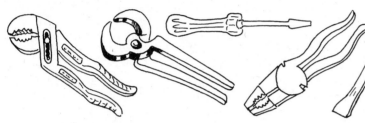

Er sieht eine Rohrzange, eine Kneifzange, eine Kombizange,
einen Schraubenschlüssel, einen Schraubenzieher,
einen Hammer, einen Meißel und eine Feile.

❶ Hättest du die Werkzeuge gekannt?
Schreibe die Werkzeuge auf!
Ordne nach dem Abc!

Viele Berufe

❷ Sage etwas zu jedem Bild!
Berichte auch etwas über den Arbeitsplatz!

Baron Münchhausen erzählt eine Lügengeschichte
Winterreise durch Russland

Winter – Russland – starker Schneefall – kein Dorf – Abend –
müde – eiserner Pfosten – Pferd anbinden – schlafen –
am Morgen aufwachen – neben Kirche – Pferd an
Kirchturmspitze anbinden – Tauwetter über Nacht

❶ Schreibe die Geschichte auf!
  Die Wörter helfen dir!
  Wie kommt das Pferd von der Kirchturmspitze herunter?
  Überlege dir einen Schluss für die Geschichte!
  Schreibe ihn auf!

Wörter mit vielen Silben

Fahrkartenschalter, Haustürschlüssel, Schuhsohlenleder, Blumentopferde, Haltestelle, Erdbeerbeet, …

❶ Denke dir fünf weitere lange Wörter aus!

❷ Nun klatsche die Wörter!
Trenne sie!
Schreibe so:
Fahrkartenschalter – Fahr - kar - ten - schal - ter, …

Wortfeld „gehen"
oder Wortfeld „sprechen"?

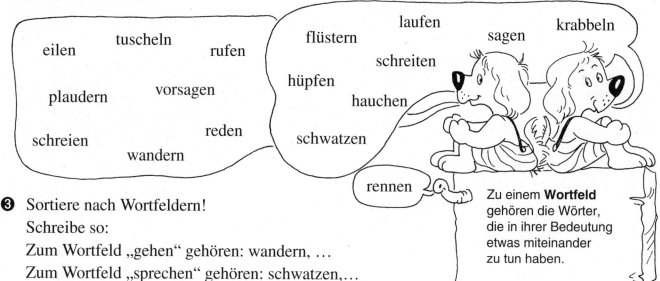

eilen tuscheln rufen

plaudern vorsagen

schreien reden

wandern

flüstern laufen sagen krabbeln

schreiten

hüpfen

hauchen

schwatzen

rennen

Zu einem **Wortfeld** gehören die Wörter, die in ihrer Bedeutung etwas miteinander zu tun haben.

❸ Sortiere nach Wortfeldern!
Schreibe so:
Zum Wortfeld „gehen" gehören: wandern, …
Zum Wortfeld „sprechen" gehören: schwatzen,…

Übungsdiktat

Das gibt es doch nicht!

Beim Essen in der Schule breitet Damian
alles vor sich aus: Mäppchen, Hefte, Bücher,
Busfahrkarte und die Brottüte mit dem Schulbrot.
Nach der Pause räumt er schnell den Tisch ab.
An der Bushaltestelle merkt er, dass er die Bus-
fahrkarte nicht bei sich hat. Er sucht in allen
Taschen. Aber er kann die Karte nicht entdecken.
Ob er sie ins Mäppchen gelegt hat?
Er schaut nach, aber dort ist sie auch nicht.
Zuletzt findet er sie – in der Brottüte.

❹ Übt den Text!
Diktiert ihn euch gegenseitig!

Fahrzeug mit Gummimotor

Du brauchst:

- Holzbrett

- runde Holzstäbe

- Korkscheiben

- Krampen

- Reißbrettstift

- Gummiband, Klebstoff

Anleitung:

1. Krampen einschlagen.

2. Runde Holzstücke als Achsen durchstecken
   und Korkscheiben als Räder aufspießen.

3. Gummiband an der Hinterachse ankleben
   und trocknen lassen.

4. Gummiband hinter der Vorderachse
   mit einem Reißbrettstift befestigen.

5. Gummiband um die Hinterachse wickeln,
   Hinterräder festhalten und Fahrzeug
   auf den Boden stellen. Achtung – fertig – los!

Was wir gelernt und wiederholt haben

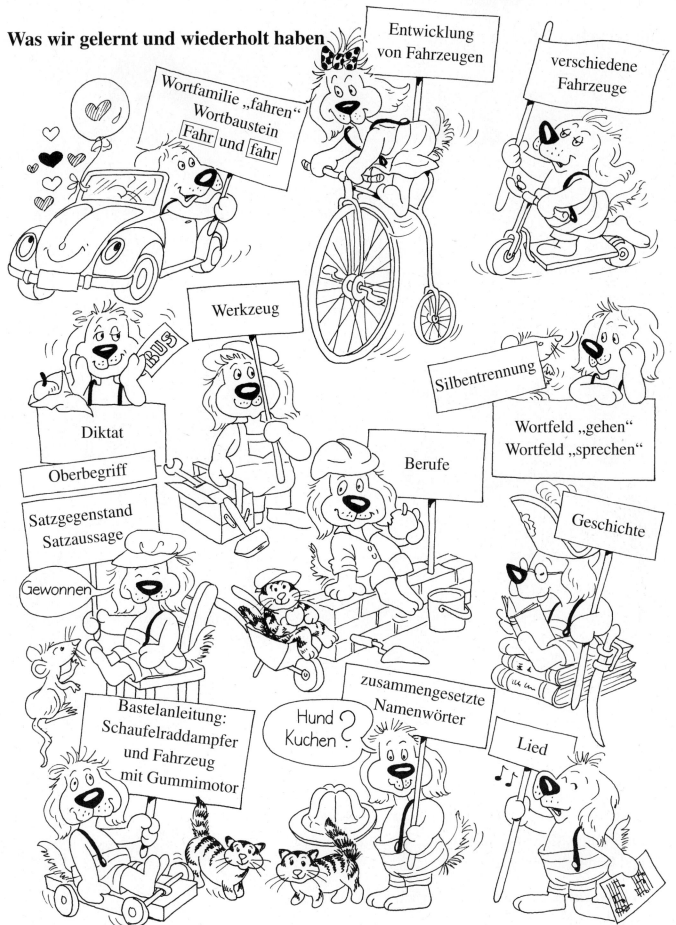

Wortfamilie „fahren"
Wortbaustein
Fahr und fahr

Entwicklung
von Fahrzeugen

verschiedene
Fahrzeuge

Werkzeug

Silbentrennung

Diktat

Wortfeld „gehen"
Wortfeld „sprechen"

Oberbegriff

Berufe

Satzgegenstand
Satzaussage

Geschichte

Gewonnen

Bastelanleitung:
Schaufelraddampfer
und Fahrzeug
mit Gummimotor

Hund ?
Kuchen ?

zusammengesetzte
Namenwörter

Lied

Das verkehrssichere Fahrrad

❶ Erkläre die Wörter:
Gepäckträger, Handbremse, Scheinwerfer, Kettenschutz,
Speichenreflektoren, Herstellernummer, Werkzeugtasche,
Luftpumpe, Dynamo, Abstandhalter, Schlussleuchte
und Gangschaltung!

❷ Welche Dinge erhöhen die Sicherheit beim Fahren,
welche nicht?

Fahrrad

Wusstest du das schon?

Das Fahrrad ist das umweltfreundlichste Fortbewegungsmittel
auf dem Land. Es belastet die Umwelt nicht durch Abgase
und es braucht keinen Treibstoff.

Neuerdings: Fahrrad als „Bote"

Fahrradtaxi in China

Fahrrad als Lastwagen in Indien

Schön ist die Welt

Text und Melodie: volkstümlich

1. Schön ist die Welt, drum Brü - der lasst uns rei - sen

wohl in die wei - te Welt, wohl in die wei - te Welt.

2. Wir sind nicht stolz, wir brauchen keine Pferde,
   |: die uns von dannen zieh'n. :|

3. Wir steigen froh auf Berge und auf Hügel,
   |: wo uns die Sonne sticht. :|

4. Wir laben uns an jeder Felsenquelle,
   |: wo frisches Wasser fließt. :|

5. Wir reisen fort von einer Stadt zur andern,
   |: wohin es uns gefällt. :|

un

Der Wortbaustein un verkehrt alles ins Gegenteil. ·

sicher	unsicher
genau	ungenau
schön	unschön

❶ Bilde das Gegenteil von folgenden Wörtern!
Setze un davor!
Schreibe so:
klar – unklar, richtig – ___, aufmerksam – ___,
ähnlich – ___, ehrlich – ___, freundlich – ___,
gesund – ___, glücklich – ___, weit – ___

❷ Überlege dir selbst weitere Gegensatzpaare mit un!

❸ Auch Namenwörter können den Wortbaustein un
enthalten: Unglück, Ungeduld, Unfug, Unfall, …
Sprich mit den andern über jedes Wort!
Klatsche jedes Wort!
Trenne es dann!
Schreibe so:
Unglück – Un - glück, …

Ich habe Mut!

Bisschen unsicher!

Nein, das macht Spaß!

Hast du Angst?

Freude!

Glück, Freude, Angst und viele andere Namenwörter drücken aus, wie uns zumute ist, wie wir uns fühlen oder was wir empfinden.

In der Spielstraße

Jennifer fährt um die Blumenkästen in der Spielstraße herum und pfeift fröhlich. „Das macht **Spaß**!", ruft sie Sebastian zu. „Fahr doch auch mal so enge Kurven!" Aber Sebastian hat **Angst**. „Du Feigling!", sagt Jennifer. Da gerät Sebastian in Wut. Er will Jennifer zeigen, dass er **Mut** hat. Voller **Zorn** fährt er eine enge Kurve – und schafft es. Er lacht. Seine Augen leuchten vor **Freude**.

❹ Sprich mit den anderen über jedes fett gedruckte Wort!

❺ Ordne diese Wörter nach dem Abc!

d oder t am Schluss?

Hun_ – Hun-_e
Wal_ – Wäl-_er
Mark_ – Märk-_e
Pfer_ – Pfer-_e
Wor_ – Wör-_er

❷ Setze **d** oder **t** ein!

g oder k?

Bur_ – Bur-_en
Vol_ – Völ-_er
Zwer_ – Zwer-_e
Par_ – Par-_s
Ber_ – Ber-_e
Kor_ – Kor-_en

❸ Setze **g** oder **k** ein!

❶ Sprich das Wort ganz deutlich!
Du hörst ein **t**,
schreibst aber ein **d**.

Rad?

Rad – Räder

Da muss man das Wort verlängern, dann kann man deutlich hören, ob ein d oder t dorthin gehört.

Jetzt hörst du deutlich ein d.

Daniels Traum

Einmal träumte ich einen seltsamen Traum. Ich war
mit meinem Fahrrad unterwegs. Ich fuhr einen Ber_
hinauf. Da überholte mich plötzlich eine Schil_kröte.
Sie sagte zu mir: „Nimm mich auf dein Ra_ und bringe mich
zum Stadtpar_. Deine Arbei_ will ich dir mit Gol_ belohnen."
Aber ich wollte nicht. Da rief die Schil_kröte: „Dann fliege
über den Ber_!" Plötzlich hob sich mein Ra_ in die Luf_.
Ich hatte Angs_. Ich sprang vom Ra_ herunter.
Als ich aufwachte, lag ich vor meinem Bett.

❹ Schreibe Daniels Traum ab!
Setze **g** oder **k**, **d** oder **t** ein!

Flieg!

Die Verkehrszeichen

Die **Gebotszeichen** sind blau. Sie sagen, was wir tun sollen.

❶ Überlegt, was diese Schilder gebieten!

Die **Verbotsschilder** sind rot. Sie sagen, was wir nicht tun dürfen.

❷ Ordne zu:
Verbot der Einfahrt, unbeschrankter Bahnübergang, dem Schienenverkehr Vorrang gewähren, Verbot für Fahrzeuge aller Art, Vorfahrt gewähren!

Worauf Radfahrerinnen und Radfahrer achten müssen

– im Dunkeln immer das Licht einschalten
– so weit wie möglich rechts fahren
– beim Abbiegen Zeichen geben und einordnen
– auf die Verkehrszeichen achten
– auf dem Radweg fahren, wenn es einen gibt

❸ Schreibe Ich-Sätze!
Schreibe so:
Ich schalte im Dunkeln immer das Licht ein …

Übungsdiktat

Fahrrad fahren in der Schule
„Mann, habe ich eine Angst", sagt Manuela.
„Du hast doch alles geübt!", meint Alexandra.
Heute sollen die Kinder der Klasse 3b zeigen,
dass sie Rad fahren können. Zuerst bekommen
alle Schülerinnen und Schüler Fragen vorgelegt.
Zu jeder Frage gibt es drei Antworten;
nur eine ist richtig. Die muss man herausfinden.
Zum Glück kennen alle Kinder die Verkehrszeichen.
Danach müssen sie Rad fahren. Auf dem Schulhof
sind Verkehrszeichen aufgestellt. Jörn und Gülay
bleiben beim **STOP**-Schild nicht stehen. Sie müssen alles
noch einmal üben.

❶ Diktiert euch das Übungsdiktat gegenseitig!

❷ Schreibe einen Aufsatz über eine Fahrt mit dem Fahrrad
oder sonst ein Fahrrad-Erlebnis!
Trage diesen Aufsatz in dein Geschichtenheft ein!

Viele „Fahrten"

❸ Schreibe zu einem oder mehreren Bildern
einen kleinen Aufsatz!

Wie Judith Rad fahren lernte

Super!

Bisher ist Judith immer nur mit den Stützrädern Rad gefahren
Da konnte sie nicht umfallen Inzwischen kann sie aber
das Gleichgewicht halten Ihr Vater hat nun die Stützräder
abgeschraubt Judith hat nun ein bisschen Angst Ich halte dich,
sagt ihr Vater Vater läuft neben Judith her Judith tritt kräftig
in die Pedale Vater muss immer schneller laufen Judith fährt
weiter Vater hat sie längst losgelassen Plötzlich merkt Judith,
dass sie ganz alleine fährt Sie bekommt einen Schreck
und bremst Vater lacht   Du hast es geschafft Judith kann es
gar nicht glauben.

❶ Hier fehlen Punkte und Anführungszeichen.
Finde heraus, wo Punkte und Anführungszeichen
gesetzt werden müssen!

❷ Schreibe die Geschichte ab!
Setze dabei die fehlenden Anführungszeichen und Punkte!

Lange Wörter – in Silben zerlegt

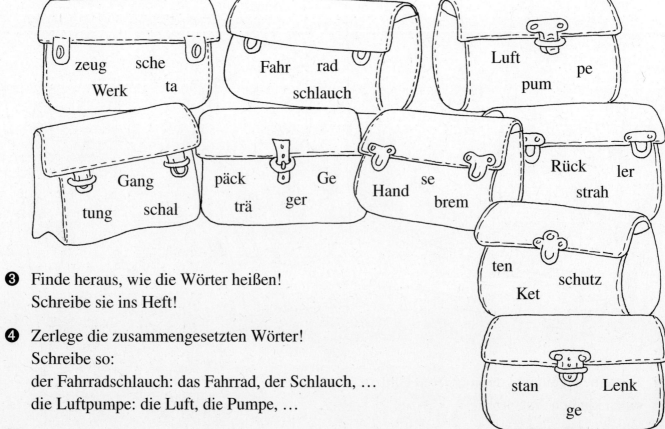

zeug   sche
Werk   ta

Fahr   rad
schlauch

Luft
pum   pe

Gang
tung   schal

päck   Ge
trä   ger

Hand   se
brem

Rück   ler
strah

ten
Ket   schutz

stan   Lenk
ge

❸ Finde heraus, wie die Wörter heißen!
Schreibe sie ins Heft!

❹ Zerlege die zusammengesetzten Wörter!
Schreibe so:
der Fahrradschlauch: das Fahrrad, der Schlauch, …
die Luftpumpe: die Luft, die Pumpe, …

Der Fahrradhelm

Erfurt. Nur der Tatsache, dass er einen Fahrradhelm trug, verdankt ein 9-jähriger Junge den glimpflichen Ausgang eines Fahrradunfalls. Auf dem abschüssigen Teil der Nordhäuser Straße geriet er mit dem Vorderrad zwischen die Straßenbahnschienen. Er stürzte kopfüber auf die Straße, blieb aber, abgesehen von einigen Prellungen und Hautabschürfungen, durch den Helm vor größerem Schaden bewahrt.

❶ In der Zeitung findest du Berichte über Unfälle. Suche Berichte über Fahrradunfälle heraus!

❷ Finde heraus, ob die verunglückten Radfahrer Helme trugen!

❸ Reportage: Befrage 20 Kinder deiner Schule, ob sie einen Fahrradhelm besitzen! Berichte deinen Mitschülern darüber!

Der Helm schützt den Kopf

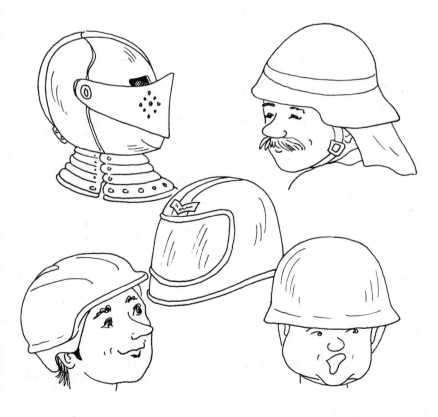

Richtig:
Der obere Stirnbereich, Schädeldecke und Hinterkopf werden vom Helm bedeckt.

Falsch:
Der Helm sitzt zu weit hinten, mit Schwerpunkt auf dem Hinterkopf. Er bietet Stirn und Schläfen bei einem Frontalaufprall keinen Schutz.

Falsch:
Ein so getragener Helm behindert nicht nur das Gesichtsfeld (Sinneswahrnehmung), sondern entblößt auch den empfindlichen Hinterkopfbereich.

So bastele ich einen Fahrradwimpel

Du brauchst:

- biegsamen Draht

- Stoffreste

- Textilfarbe

Anleitung:

1. Stoffrest zuschneiden und bemalen.

2. Auf Draht fädeln.

3. Draht umlegen (siehe Abbildung).

4. Unter der Schelle der Fahrradklingel befestigen.

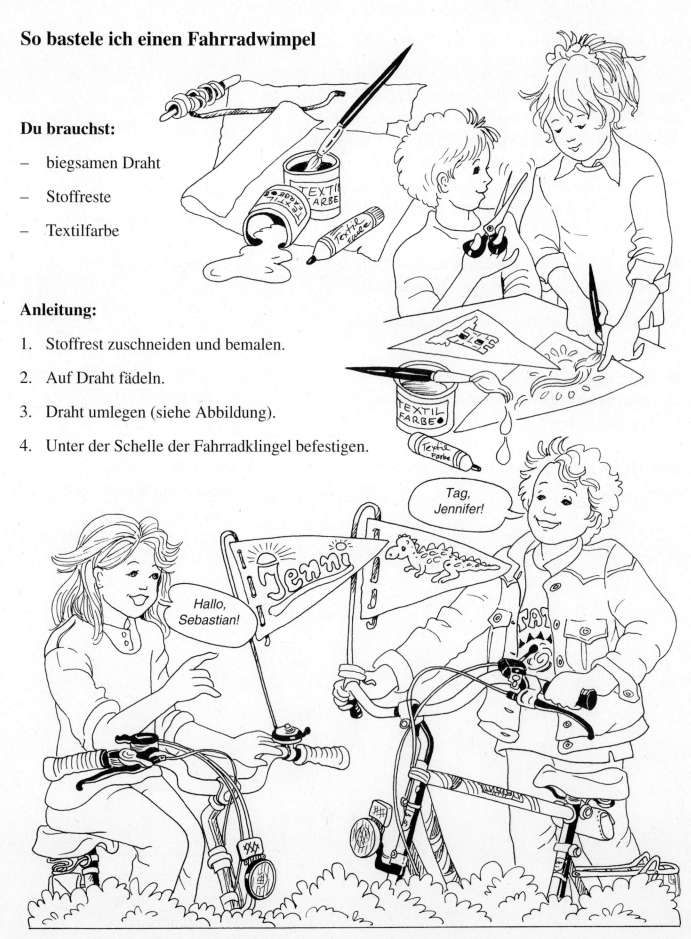

Was wir gelernt und wiederholt haben

Aa

* ab
* Abend, der
* Abend, am Abend
* aber
* acht
  Acker, der
    Äcker, die
  ähnlich
* alle
  allein
  alles
  als
  also
* alt
* am
* an
  andere, anderer
  ändern
  anders
  Anfang, der
  anfangen
  anfassen
* antworten
* Apfel, der
    Äpfel, die
* arbeiten
  arm
* Arm, der
* Ast, der
    Äste, die
* auch
* auf
  auf einmal
  Aufgabe, die
  aufhören
  aufpassen
  aufräumen
  Aufsatz, der
    Aufsätze, die
* Auge, das

* August, im August
* aus
  aussehen
* Auto, das

Bb

  Bach, der
    Bäche, die
  backen
* baden
  Bahn, die
  bald
* Ball, der
    Bälle, die
  basteln
* bauen
  Bauer, der
* Baum, der
    Bäume, die
  Beere, die
  behalten
* bei
  beide
  beim
* Bein, das
  beißen
* bekommen
* bellen
  beobachten
* Berg, der
  Bericht, der
  berichten
  besser
  beste, am besten
  Besuch, der
  besuchen
* Bett, das
  bevor
  bewegen
  biegen
* Bild, das

  billig
* bin, ich bin
  binden
  Birne, die
* bis
* bist, du bist
* bitten
* Blatt, das
    Blätter, die
* blau
* bleiben
  Blitz, der
  bloß
  blühen
* Blume, die
  Blut, das
  Blüte, die
  bluten
  Boden, der
    Böden, die
  Boot, das
* böse
* brauchen
* braun
  breit
  bremsen
  brennen
* Brief, der
* bringen
* Brot, das
  Brücke, die
* Bruder, der
    Brüder, die
  brummen
* Buch, das
    Bücher, die
* bunt
* Bus, der
  Butter, die

Cc

  –

Dd

* da
  dabei
  Dach, das
  dafür
  damals
  damit
* danken
* dann
  daran
  darauf
  daraus
  darin
  darüber
  darum
  darunter
* das
  dass
  dauern
* dein, deine
* dem
* den
* denken
* denn
* der
  des
* Dezember,
    im Dezember
* dich
  dick
* die
* Dienstag,
    am Dienstag
* diese, dieser
* dir
* doch
  donnern
* Donnerstag,
    am Donnerstag
* Dorf, das
* dort

draußen
drehen
* drei
* drücken
* du
dumm
* dunkel
dünn
durch
* dürfen

Ee

Ecke, die
* Ei, das
Eier, die
* ein, eine
* einem
* einen
* einfach
einige
einmal
* eins
* Eis, das
* elf
Eltern, die
* Ende, am Ende
* endlich
* eng
entgegen
* er
* Erde, die
* erklären
erlaubt
Ernte, die
ernten
* erst, erste
* erzählen
* es
* essen
etwa
* etwas

* euch
* euer, eure

Ff

* fahren
Fahrer, der
Fahrrad, das
Fahrräder, die
Fahrt, die
* fallen
* falsch
* Familie, die
* fangen
Farbe, die
* fassen
fast
* Februar, im Februar
* fehlen
* Fehler, der
* Feier, die
* feiern
* fein
* Feld, das
* Fenster, das
* Ferien, die
* fernsehen
* Fernseher, der
fertig
Fest, das
* fest
Fett, das
fett
* Feuer, das
* finden
* Finger, der
Fisch, der
* Flasche, die
Fleisch, das
fleißig
* fliegen
Flugzeug, das

Fluss, der
Flüsse, die
folgen
* fort
* fragen
* Frau, die
frei
* Freitag, am Freitag
* fremd
fressen
* freuen, sich freuen
* Freund, der
* Freundin, die
freundlich
Frieden, der
friedlich
frieren
frisch
froh
fröhlich
* früh
* Frühling, der
* fünf
* für
* Fuß, der
Füße, die
Fußball, der
Futter, das
füttern

Gg

Gans, die
* ganz
* Garten, der
Gärten, die
* geben
Geburtstag, der
gefallen
gegen
* gehen
gehören

* gelb
* Geld, das
Gemüse
genau
genug
gerade
* gern
Geschichte, die
* Gesicht, das
* gestern
* gesund
gewinnen
Gewitter, das
glänzen
* Glas, das
Gläser, die
glatt
glauben
* gleich
Glocke, die
* Glück, das
glücklich
* Gras, das
Gräser, die
gratulieren
grau
* greifen
* groß
* grün
Gruß, der
Grüße, die
grüßen
Gurke, die
* gut

Hh

* Haare, die
* haben
halb
Hals, der
* halten

* Hand, die
    Hände, die
  hängen
* hart
  Hase, der
* hast, du hast
* hat, er hat
  Haufen, der
* Haus, das
    Häuser, die
* heben
  Heft, das
  heim
  Heimat, die
* heiß
  heißen
* helfen
* hell
* her
  herauf
* heraus
* Herbst, im Herbst
  herein
* Herr, der
  herüber
  herunter
  Herz, das
* heute
  Hexe, die
* hier
  Hilfe, die
* Himmel, der
* hin
  hinauf
* hinaus
* hinein
  hinter
* hoch
* hoffentlich
  hohe, hoher
  hohl
  Höhle, die

  holen
* Holz, das
* hören
* Hose, die
* Hund, der
  hundert
  hüpfen
  Hut, der
    Hüte, die

Ii

* ich
* ihm
* ihn
* ihnen
* ihr
  ihrem
* ihren
* im
* immer
* in
* innen
  ins
* ist

Jj

* ja
  Jacke, die
  jagen
* Jäger, der
* Jahr, das
* Januar, im Januar
* jede, jeder
  jemand
  jetzt
* Juli, im Juli
* jung
* Junge, der
* Juni, im Juni

Kk

  Kaffee, der
* kalt
  Kamm, der
    Kämme, die
  Kanne, die
  Karte, die
  Kartoffel, die
* Kasse, die
* Kasten, der
* Katze, die
* kaufen
  kaum
* kein, keine
* keinem, keinen,
    keiner
  Keller, der
  kennen
  Kette, die
* Kind, das
  kippen
  Kirche, die
* klar
* Klasse, die
* Kleid, das
* klein
  klettern
  klopfen
  kochen
* kommen
* können
* Kopf, der
    Köpfe, die
  Korb, der
    Körbe, die
* kosten
* krank
  Krankenhaus, das
  Kreis, der
  kriegen
  Krone, die

  Krug, der
    Krüge, die
* Küche, die
* Kuchen, der
  Kuh, die
    Kühe, die
  kühl
* kurz

Ll

* lachen
* Lampe, die
* lang
* langsam
  langweilig
* lassen
* laufen
* laut
  leben
  lecken
* leer
* legen
  Lehrer, der
    Lehrerin, die
* leicht
* leider
  leise
* lernen
* lesen
  letzte, der Letzte
  leuchten
  Leute, die
* Licht, das
  lieb
* lieben
* liegen
* links
  Liter, der
  Loch, das
    Löcher, die
  Löffel, der

* los
  lösen
* Luft, die
  Lust, die
  lustig

Mm

* machen
* Mädchen, das
* Mai, im Mai
  mal
  malen
  man
  manche, mancher
  manchmal
* Mann, der
  Männer, die
* Mantel, der
  Mäntel, die
  Mark, die
  Marke, die
* März, im März
  Maschine, die
  Meer, das
  Mehl, das
  mehr
* mein, meine
* meinem, meinen,
  meiner
  meistens,
  am meisten
* Menge, die
* messen
* Messer, das
* Meter, der
* mich
* Milch, die
* mir
* mit
* Mitte, die

* Mittwoch,
  am Mittwoch
* möchte
* mögen
  möglich
* Monat, der
* Mond, der
* Montag,
  am Montag
* Morgen,
  am Morgen
* morgen früh
  müde
* Müll, der
  Mund, der
  müssen
  Mutter, die
  Mütter, die
  Mütze, die

Nn

* nach
  nachdem
  nach Hause
  nachher
  nächste, der Nächste
* Nacht, die
  Nächte, die
* nah, nahe
* Name, der
* Nase, die
* nass
  neben
* nehmen
* nein
  nennen
* neu
  neugierig
* neun
* nicht
* nichts

* nie
  noch
* November,
  im November
* nun
* nur

Oo

ob
* oben
* oder
* offen
  öffnen
* oft
* ohne
* Ohr, das
* Oktober,
  im Oktober
* Onkel, der
* Ort, der

Pp

paar
Paar, das
* packen
* Papier, das
  Pappe, die
* passen
  Pause, die
  Pfennig, der
* Pferd, das
* pflanzen
  pflegen
  pflücken
  Pfütze, die
  Pilz, der
* Platz, der
  plötzlich
  Polizist, der
* Post, die

* Preis, der
  Punkt, der
  pünktlich
* Puppe, die

Qq

Quark, der
Quelle, die
quer

Rr

* Rad, das
  Räder, die
* raten
  Raum, der
  Räume, die
* rechnen
* rechts
* reden
* Regen, der
  regnen
  Reh, das
* reich
  reif
* Reihe, die
  Reise, die
* reisen
  reißen
  rennen
  richtig
* Ring, der
  Riss, der
  Rock, der
  Röcke, die
* Roller, der
* rot
* Rücken, der
* rufen
  Ruhe, die
  rund

Ss

* Sachen, die
* sagen
  Salat, der
  Salz, das
  sammeln
* Samstag,
    am Samstag
* Sand, der
  satt
* Satz, der
    Sätze, die
  sauber
  Schaf, das
  schaffen
* scharf
* schauen
* scheinen
* schenken
  Schere, die
  schieben
* Schiff, das
  schimpfen
* schlafen
* schlagen
* schlecht
  schlimm
  Schlüssel, der
  schmal
  schmecken
  Schmutz, der
  schmutzig
* Schnee, der
  schneiden
  schneien
* schnell
* schon
* schön
  Schrank, der
    Schränke, die
  Schraube, die

schrecklich
* schreiben
  schreien
  Schrift, die
  Schuhe, die
* Schule, die
* Schüler, der
* Schülerin, die
  schütteln
  schütten
  schwach
  Schwanz, der
    Schwänze, die
* schwarz
  Schwein, das
* schwer
* Schwester, die
  schwierig
  schwimmen
* sechs
* See, der
* sehen
* sehr
* seid, ihr seid
* sein, seine
* seinem, seinen,
    seiner
* seit
* Seite, die
  selber
  selbst
  senden
* September,
    im September
* setzen
* sich
* sicher
* sie
* sieben
  siegen
* sind
* singen

* sitzen
* so
  sofort
  Sohn, der
    Söhne, die
* sollen
* Sommer,
    im Sommer
  sondern
* Sonnabend,
    am Sonnabend
* Sonne, die
* Sonntag,
    am Sonntag
  sonst
  spannend
  sparen
  Spaß, der
* spät
  spazieren
* Spiel, das
* spielen
* sprechen
* springen
  spritzen
* Stadt, die
    Städte, die
  Stall, der
    Ställe, die
  Stamm, der
    Stämme, die
  stark
* stehen
* steigen
* Stein, der
* Stelle, die
* stellen
  Stern, der
* still
  Stock, der
    Stöcke, die
  Stoff, der

  stolz
  stoßen
* Straße, die
  Stück, das
  Stuhl, der
    Stühle, die
* Stunde, die
* suchen
* Suppe, die
  süß

Tt

* Tafel, die
* Tag, der
* Tante, die
  tanzen
  Tasche, die
* Tasse, die
  tausend
  Tee, der
  Teig, der
  Teil, das
* teilen
  Telefon, das
  telefonieren
* Teller, der
  teuer
  Text, der
* tief
* Tier, das
* Tisch, der
  Tochter, die
  Topf, der
    Töpfe, die
  tot
* tragen
* treffen
  Treppe, die
* treten
* trinken
* trocken